JL-3

# Beti a'i Phobol - 3

Golygydd: Ioan Roberts

*Argraffiad cyntaf: Hydref 2004*

Ⓗ *Gol: Ioan Roberts/Gwasg Carreg Gwalch*

*Cyhoeddir o dan gynllun comisiwn*
*Cyngor Llyfrau Cymru.*

*Rhif Llyfr Safonol Rhyngwladol:*
*0-86381-941-9*

*Cynllun Clawr: Sian Parri*

*Argraffwyd a chyhoeddwyd gan Wasg Carreg Gwalch,*
*12 Iard yr Orsaf, Llanrwst, Dyffryn Conwy, LL26 0EH.*
☎ *01492 642031*
🖷 *01492 641502*
✐ *llyfrau@carreg-gwalch.co.uk*
*Lle ar y we: www.carreg-gwalch.co.uk*

Ers darlledu'r rhaglenni, bu farw dau o'r cyfranwyr,
sef Syr William Mars Jones a Dafydd Rowlands.
Cydymdeimlwn gyda'u teuluoedd a'u cydnabod.

Diolch i *BBC Radio Cymru* am ganiatâd i ddefnyddio tapiau o'r rhaglenni er mwyn llunio cyfrol arall ohonynt. Diolch yn arbennig i Lois Eckley am ei chymorth parod a'i diwydrwydd wrth gydweithio gyda'r wasg.

# Cynnwys

# 'Dyw colli gêm o rygbi ddim yn drychineb, ydi e?'

## *Huw Llywelyn Davies*

**Darlledwr**

**Darlledwyd:** 29 Ebrill, 2004

**Cerddoriaeth:**
1. *I couldn't speak a word of English until I was ten*:
Y Dyniadon Ynfyd Hirfelyn Tesog
2.  Un o ganeuon y Maoris
3.  Y *Pysgotwyr Perl, Bizet*: Bryn Terfel ac Andrea Bocelli

**Beti George:**

*Mae e 'ma, un o wynebe a lleisie mwya cyfarwydd Radio Cymru ac S4C. Nawr, mae'n rhaid gweud, o'n i'n meddwl bo' ni 'di neud y rhaglen yma gyda'n gilydd o'r bla'n. Ond do's neb yn cofio!*

**Huw Llywelyn Davies:**

Dwi 'di bod yn aros, ac aros, ac aros am yr alwad! Meddwl na fydde'i byth yn dod. A dyma ni wedi cwrdd o'r diwedd!

*A 'ni'n mynd i ddechre trw sôn am grefydd. Hynny yw, y tymor rygbi. Achos mae e ar ddod i ben. Neu dyna fel o'dd hi'n arfer bod wrth gwrs. Ond nawr mae'n mynd rownd y flwyddyn. Dy'ch chi ddim yn blino arno fe weithie?*

Yn llwyr. Os bydden i'n onest ma'r busnes 'ma o ddechre'r tymor ym mis Awst, ma' hwnna'n cawlio gwylie haf, oherwydd trefen yr haf i fi ers blynyddodd lawer o'dd bod yn y Steddfod, neud tamed bach o waith fan'ny, a wedyn gweddill mis Awst bant, a bod y batri yn dechre ail-gynnu, a dod nôl wedyn ar gyfer Sadwrn cynta mis Medi. O'dd hwnnw'n ddeddfol ondife. Fan'ny o'dd y tymor rygbi yn dechre. Ac o'dd rhywbeth braf yn hynny, o'dd pawb yn cyrraedd nôl ar gyfer y tymor newydd. Ond nawr . . .

*Mae'n mynd o un pen y flwyddyn i'r llall.*

Odi, yn enwedig gyda'r teithie haf cyson 'ma. Slawer dydd o'dd taith yn rhywbeth unwaith mewn bywyd i'r chwaraewyr. Ond nawr ma'n nhw'n gwibio i bedwar ban byd bob whip stitsh mwy neu lai on'd y'n nhw?

*A ma'n nhw siŵr o fod yn blino?*

Odyn, a hefyd gyda'r cyfnod proffesiynol 'ma, be' sy'n drist, dwi 'di bod yn teithio ers rhyw ugen mlynedd nawr, ac yn y blynyddoedd cynta o'dd pawb yn cymysgu 'da'i gilydd, y wasg a'r chwaraewyr, a bydde pawb yn teithio i weld y wlad a chwrdd â'r bobol, ond bellach chi braidd yn gweld y chwaraewyr. Dy'n nhw ddim yn gweld y wlad, ma'n nhw'n ca'l 'u cadw . . . o'n i ar daith y Llewod ddwetha, 'na'i gyd o'n nhw'n gweld o'dd ca' ymarfer a ma' 'da nhw stafell sbesial mewn gwesty. Felly peder wal a ca'. Yn llythrennol, bydde bois ifanc yn mynd i ben draw'r byd a bydden nhw ddim yn gweld gogonianne'r wlad, yn Awstralia neu Dde Affrica neu Seland Newydd, fydden nhw ddim yn cwrdd â'r bobol 'na, fydden nhw ddim cyfoethocach o ran y profiad 'na'n dod nôl, ac yn wa'th byth, fydden nhw ddim wedi cwrdd â fi a cha'l *chat* bach 'da fi uwchben peint bach yn y bar yn rhywle! A fi'n cofio, Ieuan Evans wedodd wrtha'i rywbryd, pan o'n i'n sôn wrth Ieuan, 'Duw ma' pethe wedi newid'. 'Ie ma' raid ti styried, job o waith yw hi nawr,' ddwedodd e, 'nid sbort'. A ma' 'na rywbeth trist yn hynny on'd o's e?

*Chi'mbod Huw, 'wi'n siŵr fydd y sgwrs 'ma yn mynd i sôn lot am y gorffennol ondife, y gorffennol gwych o'i gymharu â beth sy' o'n blaene ni heddi, yr iaith a phethe fel hyn. Wrth gwrs ma' hynny'n arwydd 'bod ni'n mynd yn hen.*

Ie, ie, edrych trw'r sbectol 'na â'r lliw rhosynnod. Ond

mae'n wir am rygbi on'd yw e? Thâl hi ddim i ni edrych nôl at y saithdege, a beth ma'n rhaid i ni ystyried yw taw y saithdege o'dd yr eithriad. Hynny yw, rhyw gyfnod fel heddi yw rygbi Cymru'n gyffredinol. Ambell waith ma' criw o chwaraewyr gwell yn dod at 'i gilydd – fe ddigwyddodd e nôl ar ddechre'r ganrif ddwetha, fe ddigwyddodd e yn y saithdege. Ond yn gyffredinol ennill dwy, colli dwy a phawb yn hapus, a dyna beth ni 'di ca'l leni. Ac i fod yn onest ni 'di ca'l tamed bach mwy o gyffro ar y ca', o'r ffordd ma'n nhw wedi chware leni, a hefyd yng Nghwpan y Byd, ond o'n i'n teimlo fod pobol wedi mynd dros ben llestri am y ffordd chwaraeodd Cymru yn erbyn Seland Newydd a Lloegr yng Nghwpan y Byd. O'dd Cymru yn mynd i reoli unwaith eto, a beth o'n nhw 'di anghofio o'dd taw colli nethon ni yn y ddwy gêm 'na, ac fe sgorodd Seland Newydd wyth cais yn 'n herbyn ni. Nawr fe sgoron ni bedwar neu bump, do, ond yn y diwedd, colli, a ma' tipyn o fwlch rhyngon ni a'r rheiny o hyd. Ond mae e'n cau, a ni 'di gallu cystadlu, ma'r tîm 'di gallu cyffroi y cefnogwyr, nid yn unig yng Nghymru, ma' pobol erill wedi cymryd at steil Cymru yn ystod y tymor hefyd.

*O'ch chi isie sylwebu ar rygbi pan o'ch chi'n fachgen ar ych tyfiant yn Ngwaun-cae-gurwen?*

Dwi'm yn cofio'n iawn. Hynny yw, fel ma'r rhan fwya o bobol yn ymwybodol, o'dd 'y nhad [Eic Davies] yn neud rhywfaint gyda byd darlledu ar chwaraeon.

*Wel o'dd e'n uchafbwynt yr wythnos, 'wi'n cofio'n Sir Aberteifi, fe, Llew Rees a Jac Elwyn Watkins, o'n ni'n neilltuo'r beth bynnag o'dd e, awr, awr a hanner, iddyn nhw ar nos Sadwrn.*

Swno fel awr a hanner. Hanner awr o'dd 'i! Jac Elwyn a Llew: o'n nhw fel dau geiliog bantam on'd o'n nhw? A 'na'i gyd o'dd Dad yn neud o'dd towlu ambell i friwsionyn bach mewn i'r talwrn a gadael iddyn nhw fynd.

*Ond o'n i'n Sir Aberteifi yn meddwl bod 'u Cymraeg nhw mor gyfoethog.*

O'dd e. Cymra'g tafodieithol naturiol o'dd e, a towlwch bois, bydde rhywun fel Terry Davies neu R. H. Williams yn dod miwn iddi, Carwyn wrth gwrs ondife. O'dd un stori 'da fe am Tom Howells o'dd yn ddyfarnwr, ac o'dd Dad wedi gofyn iddo fe ddod lan i fod ar *Y Maes Chwarae.* O'n nhw'n siarad ar y ffordd lan, ac o'dd e'n gweud 'Duw, Eic ma'n rhaid fi ga'l y Gymra'g 'ma'n reit nawr ti'mbod, Cymra'g cerrig calch s'da fi. Reit Lloeger, fi'n gwybod Lloeger, beth yw *Scotland* nawr?' A wedodd Dad, 'O gwêd *Scotland* os ti'n moyn. Ma' Gwynfor Evans yn gweud *Scotland*' ondife. 'O na, na, na ma'n rhaid ca'l y gair, yr Alban, yr Alban. A wedyn reit *Ireland*'. Gath e drwbwl mowr gydag Iwerddon. A phan gyrhaeddodd e wedodd e 'Wel 'na ni, nethon ni'n dda'n erbyn Lloeger, a wedyn mynd lan i'r Alban, ie, neud'n dda, ond y gêm 'na'n erbyn yr Iddewon dydd Sadwrn, sa i'n gwybod beth wnawn ni!'

*Ond beth am ych mam Huw, dy'n ni ddim wedi'ch clywed chi'n sôn rhyw lawer am ych mam. Un o ble o'dd hi?*

Mam o'dd yn dawel yn y cefndir, ond eto heb os, hi o'dd angor y teulu. Dad o'dd y dyn cyhoeddus, ond Mam o'dd y cryfder. O'dd hi 'di ca'l 'i chodi gan fwyaf yng Nghaerdydd. A fel o'dd lot o deuluoedd Caerdydd ar y pryd, prin o'dd y Gymra'g, o'dd hi ddim yn siarad Cymra'g yn naturiol, er bod y teulu yn amlwg iawn yng ngweithgareddau capel Heol y Crwys. Ac o'dd e'n nodwedd yn y cyfnod 'na on'd o'dd e, o'n nhw'n deall digon a chynnal hen draddodiad, achos o'dd hen dadcu i fi yn weinidog enwog gyda'r Methodistiaid, William Jones o Dreforys, ac o'dd e fan'ny gyda'r hoelion wyth. Felly o'dd y traddodiad yna'n gryf yn y teulu, ond wedyn a'th Dad i ddysgu yng Nghaerdydd yn un o griw o athrawon ifanc yn y tridege, yn dysgu Cymra'g yn yr ysgolion cynradd, a'th i ryw barti drama yn y Crwys, ac fe gwrddon nhw, ac o hynny ymla'n do'dd dim dewis 'da Mam, o'dd rhaid dysgu Cymra'g wedyn, neu bydden nhw ddim yn deall 'i gilydd! Ar ôl mynd i bentre Gwaun-cae-gurwen, o'dd y pentre yn hollol Gymra'g, felly o'dd Mam yn siarad Cymra'g yn rhugl erbyn y cof cyntaf sydd gyda fi.

*Ond shwt ddethon nhw i'r Waun? Lle gesoch chi'ch geni?*

Getho i 'ngeni ym Merthyr credwch neu beidio. 'Gas yn chwaer Bethan 'i geni yng Nghaerdydd. O'dd Dad yn dysgu, ond adeg y rhyfel o'dd e'n wrthwynebydd cydwybodol. Fe ges i 'ngeni yn 1945 ac fe gollodd e'i swydd oherwydd 'i safiad yn erbyn y rhyfel pryd 'ny, a lle cafodd e waith ar y pryd o'dd draw yn ysgol Mynwent y Crynwyr, *Quakers Yard*. Felly ges i 'ngeni ym Merthyr ac o'dd y teulu'n byw ar y pryd yn Nhreharris a

Throedyrhiw. Ond wedyn 'gas e swydd nôl yn 'i hen gynefin – 'gas e'i godi ar ben Mynydd y Gwryd uwchben Cwmllynfell a 'gas e swydd yn ysgol ramadeg Pontardawe. Felly symud nôl a cha'l tŷ, buon ni'n byw ar Gwmllynfell am ryw chwech mis mae'n debyg, a wedyn i'r Waun.

*Eich mam, o'dd 'i'n gneud rhywbeth, neu . . . gwraig tŷ?*

Na, edrych ar ôl 'y nhad ac edrych ar ôl fi, ac edrych ar ôl yn whâr, o'dd hynny'n dipyn o waith. O'dd braidd dim gwragedd ar y Waun yn gwitho yn y cyfnod yna o gwbwl. Falle nid fy lle i yw gweud e, ond o'n i'n ifanc pan golles i Mam a 'ta pryd mae unrhyw un yn sôn amdani, 'Na fenyw dda, na fenyw biwr'. Ac o'dd hi'n ffyddlon iawn yn y capel, ond o'dd 'i'n byw 'i Christnogaeth hefyd, unrhyw un o'dd ag angen yn y gymdeithas, bydde hi'n dawel bach yn rhoi rhyw ddilledyn, y math yna o beth, yn dawel. A byddai'n cymryd dipyn o ran gyda Chymdeithas Chwiorydd y Methodistiaid, nid dim ond yn y pentre ond yn yr ardal hefyd. Felly, bydde pethe fel'na yn mynd â thipyn o'i hamser hi.

*Mewn lle fel y Waun wrth gwrs o'dd y Clwb Rygbi'n bwysig, o'dd y dafarn yn bwysig. O'dd y capel mor bwysig?*

O'dd y capel yn bwysicach i ni fel plant yn enwedig. Capel Seilo, o'n i yna dair gwaith y Sul ac o'n i yna ddwywaith yn ystod yr wythnos. Methodistiaid o'n ni, o'n i'n sefyll arholiade Ysgol Sul er enghraifft. 'Nes i Ysgrythur i ddosbarth chwech a do'dd e fawr o gamp, achos o'n i 'di neud rhan fwya o'r gwaith yn yr Ysgol Sul, a fan'na ddysges i'r Tonic Sol-ffa.

*O safbwynt y grefydd, nawr y'ch chi wrthi'n cyflwyno*
*Dechrau Canu, Dechrau Canmol ar S4C. Y'ch chi'n ffit i*
*gyflwyno hon 'te?*

Ydw i, 'wi'n credu! Fi'n falch o'r cyfle i neud e. Ma' pawb
wedi sôn bo' fi 'di dilyn Dad, a ma' hwn yn ffordd i ddodi
fe'n iawn yn deuluol – bod dylanwad yn fam wedi bod yr
un mor gryf arno i â dylanwad 'y nhad.

*Achos o'dd ych tad yn credu, yn gapelwr mawr?*

Nag o'dd, nag o'dd. Fydde Dad yn dod i'r capel pan
fydden ni'n cymryd rhan yn Cwrdd Chwarter neu
rywbeth fel'ny. Ond na, ddim yn gyffredinol. Diwrnod
bant o'dd dy' Sul i Dad. Ond bydden ni'n cadw
gweinidog unweth bob doufish neu rwbeth, ac o'dd e'n
dwlu ca'l sgwrs fach a phethe fel'ny.

*Beth am wleidyddiaeth ar yr aelwyd? O'dd ych tad yn*
*wrthwynebydd cydwybodol medde chi.*

Ar sail cenedlaethol Cymra'g.

*Wel o'dd e bownd o fod yn ddewr on'd o'dd e mewn ardal fel*
*Gwaun-cae-gurwen i berthyn i Blaid Cymru!*

O'dd yn hollol. O'dd e'n bownd o fod yn ddewr i fod yn
wrthwynebydd cydwybodol. 'Wi'n cofio'r cyfnod cynnar,
ma' pobol falle'n meddwl bod Dad damed bach o ofon
mynd i'r rhyfel, ond mewn ffordd falle o'dd e'n

ddewrach i bido mynd ar y pryd. A gyda llaw ma' cof plentyn gyda fi o fynd lawr i groesawu Waldo mas o garchar Abertawe ar ôl iddo fe neud 'i safiad [yn erbyn rhyfel], felly dyna'r math o wleidyddiaeth o'dd gyda ni. I sôn am Mam, do'dd Mam ddim yn berson gwleidyddol o gwbwl, a do'dd Dad ddim felly chwaith, hynny yw, Cymro o'dd Dad.

*Yr iaith o'dd yn bwysig?*

Ie, a 'wi'n cofio fe, o'dd e'n 'i ddagre pan a'th Gwynfor mewn gynta, achos o'dd e 'di bod yn rhan fawr o'r ymgyrch 'na yng Nghaerfyrddin. Ond wedyn yn y chwedege pan o'n i yn y coleg gath Mam gancr, o'dd yn ergyd fawr i ni gyd, ond da'th hi drosto fe am gyfnod, ac yn y cyfnod 'na o'dd 'na etholiad lleol ar y Waun, a drion nhw ga'l Dad i sefyll yn enw'r Blaid. O'dd Dad ddim wastad yn gall, ond o'dd e'n gall yn hyn oherwydd nath e wrthod. O'dd e'n gwbod bod e 'di ypseto gormod o bobol, bydde fe byth yn mynd mewn ar y Waun ondife, ond fe berswadodd e Mam i sefyll, ac y'ch chi'n siarad nawr am **y** pentref glofaol, Plaid Lafur yn rheoli popeth fel o'dd yr hen ddywediad yn gweud: 'Sech chi'n dodi donci lan i'r Blaid Lafur, bydde fe'n mynd mewn'. Persawdon nhw Mam i sefyll, a 'wi'n ca'l cryndod nawr wrth feddwl am y noson hyn i lawr yn ysgol fach y Waun yn gwrando ar y canlyniad, ac a'th Mam mewn ar dop y *poll* yn enw Plaid Cymru ar y Waun. O'dd e'n syfrdanol, ond o'dd 'i ddim yn bleidlais wleidyddol o gwbwl, o'dd 'i'n bleidlais bersonol. Da'th yr hen gancr nôl wedyn a gollon ni Mam mewn rhyw ddwy flynedd. Ond ma' rhyw atgofion fel'na 'da chi. Ma' cofeb fan'na on'd o's e, yn llawn mor gryf ag unrhyw gofeb fyddech chi'n gallu dodi'ch llaw arni ddi.

*Nethoch chi'n bersonol ddiodde'n yr ysgol o gwbwl oherwydd gwleidyddiaeth eich tad?*

Falle oherwydd ei wleidyddiaeth e, yn sicr oherwydd ei bresenoldeb e, achos o'dd e'n dysgu'n ysgol ramadeg Pontardawe, ac o'n ni'n Gymry Cymraeg 'na. Dim cyment oddi wrth y disgyblion, achos gyda'r plant gan fwyaf o'dd Dadi'n eitha poblogaidd oherwydd o'dd e'n wahanol ac o'n nhw'n ca'l dipyn bach o sbort yn dosbarth. Ond gyda rhai aelodau o'r staff, bydde fe'n cwmpo mas 'da nhw ar safbwynt y Gymra'g. Ac o'n i'n teimlo ambell waith bod rhai o'r rhain yn wrth-Gymreig, a fydden nhw'n cymryd e mas arno i.

A fi'n cofio Dad a fi 'fyd, a dier o'dd e'n ddrwg! Er enghraifft, o'n i'n gorfod gwisgo sbectol yn 'rysgol achos o'n i'n ca'l penne tost. Ac o's o'n i'n anghofio'n sbectol fydde Dad yn ca'l fi 'sgrifennu cant o linelle 'Mae'n rhaid i fi ddod â'n sbectol i'r ysgol'. Nawr o'n i'n meddwl bod hwnna'n gymryd mantais. A fi'n cofio fe unwaith yn egluro cynghanedd yn y dosbarth. Chi ddim yn gwybod nawr ond 'golles i 'mhedwar dant ffrynt pan o'n i bythtu beder ar ddeg yn chware rygbi, ac felly ma' un dant mawr 'da fi bob ochr i'r pedwar canol. O'dd Dad yn trio egluro cynghanedd Draws Fantach lle ma 'na un gytsain yn ateb un arall ar yr ochr arall, a beth nath e o'dd tynnu fi mas i ffrynt y dosbarth i fi dynnu'n nannedd gosod mas a medde fe 'Edrychwch ar Huw fan'na gydag un fan'na a un fan'na, 'na beth yw cynghanedd Draws Fantach'! Ond fi'n gofio fe nawr, a ma' pawb o'dd yn y dosbarth yn 'i gofio fe.

*Chi 'di dewis Y Dyniadon Hirfelyn Tesog.*

Do. Ma' hynny'n arwain ni'n naturiol at Gaerdydd achos bues i Ngha'rdydd am wech mlynedd.

*Faint o radde sy' 'da chi?*

Un, a ma'r llall yn dal i gyniwair mewn cês yn yr atig! Netho'i radd yn Gymra'g, wedyn etho'i i ymarfer dysgu, a wedyn o'n i'n neud ymchwil. Ac o'n i'n neud ymchwil ar lenyddiaeth y Cymoedd yn y bedwaredd ganrif ar bymtheg, ond o'dd bod yn Gapten y Clwb Rygbi yn fwy atyniadol am y ddwy flynedd ola. Achos 'mod i 'di bod 'na mor hir â Methuselah, dyma'r coleg ar y pryd yn prynu chwe thŷ i ga'l fel tai'r myfyrwyr ac ofynnon nhw os bydden i'n fodlon bod yn rhyw fath o bennaeth ar un o'r tai. Felly o'n i'n dewis pwy o'dd yn dod mewn. A dewises i'r criw mwya gwyllt o'n i'n gallu ffindo, bois fel Gruff Miles o barchus goffadwriaeth, rial gymeriad, nai i Hugh Griffith ondife. Rial lot o gerddorion da, Cymry da. O'n nhw'n griw talentog dros ben, yn gerddorol ac yn Gymra'g, ac fe ffurfion nhw'r grŵp 'ma, Y Dyniadon Ynfyd Hirfelyn Tesog, o'dd yn arloesol, o'n nhw'n gymeriade mawr. Ma'n nhw'n mynd i ganu *I couldn't speak a word of English until I was ten*, sy'n dod nôl ag atgofion gwych. A 'na 'chi golled, collon ni Gruff mewn damwain car yn 1974.

*       *       *

19

*Wedi'r coleg, ethoch chi i ddysgu. O'dd e'n alwad Huw, neu jest rhywbeth o'ch chi'n llithro iddo, job?*

O'dd pawb yn neud *TT* on'd o'dd e, 'na beth o'ch chi'n galw fe ar y pryd, er mwyn ca'l blwyddyn ecstra yn y coleg, a 'tase'r Athro Jarman wedi gweud 'tho i'n gynt bod e'n mynd i gynnig ysgoloriaeth i fi am ddwy flynedd o ymchwil, falle fydden i ddim 'di neud yn ymarfer dysgu hyd yn oed. Ond ces i sbort ar ymarfer dysgu, bues i'n neud ymarfer ysgol gynradd gyda Gwilym Roberts, Gwilym yr Urdd, o'dd hwnna'n dipyn o brofiad. A wedyn ysgol uwchradd yn Ysgol *Cathays* gyda'r diweddar Elvet Thomas a o'dd yn athro gwych.

*Ond fe eloch chi yn y pen draw i ysgol fonedd Llanymddyfri.*

Ysgol breswyl fi'n licio galw 'i.

*Nethoch chi fwynhau?*

O'n i'n dilyn Carwyn James yna i ddechre, felly alle'i byth fod yn swydd rhy ddrwg alle'i? Ac o'dd R. Gerallt Jones, y llenor, yn Warden, neu'n Brifathro; gyda Gerallt geso i'n gyfweliad. Nid bo' fi 'di meddwl, ma'n rhaid i fi fynd i ddysgu mewn ysgol breswyl. Ond o'n i wrth fy modd yna. Wrth gwrs o'dd hi'n ysgol fonedd mewn rhai ffyrdd, o'dd llawer o'r plant yna achos bod 'u rhieni nhw'n gyfoethog, ond ar yr un pryd o'dd 'da chi fwy o groesdoriad yn ysgol Llanymddyfri na beth fydde 'da chi hyd yn oed mewn ysgol gyfun, o'n i'n teimlo, achos o'dd 'da chi rieni yn talu am 'u plant am ddau reswm – naill achos 'bo' nhw'n araf iawn, iawn, a bo' nhw'n teimlo y bydden nhw'n ca'l mwy o sylw personol. Ne' achos bo' nhw'n glefer iawn iawn, ac unwaith eto bo' nhw eisiau'r sylw personol 'na. Ond yn y canol hefyd o'dd 'da chi, er enghraifft, Shir Gaerfyrddin yn rhoi ysgoloriaeth bob blwyddyn i chwech o blant i fynd yno, ac yn aml bydde'r rhain yn dod o gartrefi o'dd wedi torri, ne' blant amddifad a'r math 'na o beth.

O ran y bywyd, o'ch chi'n dysgu yn y bore, wedyn o'n i mas ar y ca' bob prynhawn yn ymarfer rygbi gyda'r bois, ne' griced yn yr haf a wedyn o'n i'n mynd nôl i ddysgu gyda'r nos o hanner awr wedi pedwar tan bron i saith, a wedyn o'dd rhai dyletswyddau preswyl yn y nos. Felly o'ch chi'n ca'l ych llyncu gan y lle. Bues i 'na am bum mlynedd a 'nes i fwynhau e'n fawr, ond fi'n cofio Carwyn yn gweud 'tho i ar y diwrnod geso i'r swydd, 'Llongyfarchiade. Enjoia fan'na, ond paid neud yr un camgymeriad â fi', wedodd e. 'Paid aros 'na'n rhy hir, neu fyddi di byth yn gallu dianc o'r lle.' A falle bod hwnna'n gweud lot am yr hyn ddigwyddodd i Carwyn wedyn. Ffindiodd e hi'n anodd i adel Llanymddyfri dwi'n credu, achos roiodd hwnnw deulu i Carwyn. A 'na fel bydden i'n cyfiawnhau'r ysgol: gyda llawer o blant o'n nhw'n ca'l gwell teulu a gwell aelwyd yn Llanymddyfri na beth fydden nhw 'di 'ga'l mewn unrhyw le arall. Er, yn y bôn fydden i ddim yn cytuno ag addysg breifat mwy nag ydw i'n cytuno â meddyginiaeth breifat nac unrhyw beth arall.

Wedyn o'n i'n neud tipyn bach o waith gyda Thomas Davies ac Onllwyn Brace ar deledu a radio yn y byd chwaraeon, ac yn y diwedd, o'n i'n meddwl, wel dwi'n mynd i roi *bash* bach rywbryd ar y busnes darlledu 'ma.

*Ma'r yrfa 'ma mewn darlledu wedi agor y gorwelion, y'ch chi 'di gweld y byd on'd y'ch chi?*

Â siarad yn hunanol nawr, dwi 'di gweld llefydd, go brin fydden i 'di bod 'na fel arall. A'r daith gynta nes i o'dd wyth deg tri i Seland Newydd, o'n i bant am dri mish, o'dd yn dipyn o amser. Ond dwi 'di bod yn Seland Newydd dair, bedair gwaith, Awstralia 'run peth, De Affrica, Canada, Gogledd America, ac Ynysoedd Môr y De – Fiji, Tonga a Samoa deirgwaith. Felly ma' hwnnw 'di bod yn brofiad gwych iawn. Gêm i bobol ifanc yw hi cofiwch: wir nawr, fwynheais i'r teithie yn yr wythdege fwy nag ydw i wedi mwynhau'r teithie oddi ar 'ny. O'dd yr holl beth yn newydd i ddechre, o'ch chi'n gweld gwledydd newydd, o'ch chi'n yr oedran pan o'dd tamed bach mwy o egni yn perthyn i chi falle.

*Felly ma' hyn yn ein harwain ni at yn record nesa ni.*

Ydi. Dwi isie clywed rhywbeth gan y Maoris, a dwi'n cofio pan es i i Seland Newydd gynta, o'ch chi'n uniaethu gyda nhw, oherwydd nhw o'dd y lleiafrif cynhenid yn 'u gwlad. Nhw o'dd yn brwydro dros beth o'n nhw, dros geisio ca'l y parhad 'na. Dwi'n cofio neud darn i gamera lawr yn Invercargill reit o flaen criw mawr o Maoris, o'n i'n neud y darn 'ma i gamera yn y Gymra'g, a phan gwples i dyma nhw i gyd yn clapo, achos bod 'na ryw deimlad 'na'n rywle falle bod fi a nhw'n perthyn mewn rhyw ffordd ondife.

\*     \*     \*

*O'dd tipyn o hwyl i ga'l ar y teithie 'ma fel o'ch chi'n crybwyll, ond wedyn fe ddigwyddodd hen bethe digon trist pan o'ch chi ar ddwy daith yn arbennig on'd do?*

Gorffo fi ddod nôl ddwywaith oherwydd profedigaeth yn y teulu. Cwpan y Byd 1987, bu'n chwâr farw, Bethan, o'n i yn Awstralia ar y pryd, a 'na chi ddodi pethe yn 'u cyd-destun. Dwi'n cofio'r diwrnod yn glir, o'dd Cymru 'di bod yn whare yn y rownd gyn-derfynol yn erbyn Seland Newydd, o'n nhw 'di ca'l crasfa. Cofio gwneud cyfweliad â Clive Rowlands a neud adroddiad a sôn am y dydd mwya du yn ein hanes ni a'r math 'na o beth. A wedyn cyrraedd nôl i'r gwesty a phobol yn gweud bod Carol, fy ngwraig, wedi bod yn ffono fi, a bod hi'n mynd i ffono'n ôl ar ryw amser arbennig. O'n i'n mynd i godi'r ffôn yng nghyntedd y gwesty, a wedodd rhywun wrtho i, 'Na 'wi'n credu well i ti fynd i dy stafell i dderbyn yr alwad.' A'r newydd yn dod bod Beth wedi marw.

A meddwl bo' fi 'di bod yn sôn am drychineb Cymru, a diwrnod du a phethe, a wedyn ca'l newydd fel hyn. Rhaid ichi fod yn ofalus iawn i ba radde y'ch chi'n mynd gyda'ch geirie mewn sylwebaeth, achos dyw colli gêm o rygbi ddim yn drychineb ydy e? A dyw e byth wedi bod.

*A wedyn wrth gwrs, o'dd raid i chi ffindio awyren.*

Chi'mbod beth Beti, y gwahanieth rhynto ni a'r Saeson . . . o'dd criw da ohonon ni yn dod mla'n yn grêt fel newyddiadurwyr, fel darlledwyr, ac o'dd pobol yn gwybod beth o'dd y newydd yn mynd i fod i fi, achos o'dd rhywun wedi derbyn ffôn cyn 'ny, a phawb yn cydymdeimlo'n fawr. O'ch chi jest ddim yn gwybod beth i neud â'ch hunan ondife. Meddwl am y sefyllfa'n ôl gartre, meddwl allech chi fod wedi gneud rhywbeth i helpu o gwbwl. Wedes i, reit ma'n rhaid i fi fynd i ffono nawr i weld os galla'i ga'l ffleit. O'dd rhai bois o Loegr yn gweud *'You're not going home?'* A wedes i 'Wel, ydw, wrth gwrs.' A wedodd un, 'Wel does dim byd alli di neud nawr, a ti'n mynd i golli'r ffeinal'. Ma' hwnna'n gweud lot am y gwahaniaeth mewn ffordd rhwng y cwlwm teuluol sy' gyda chi. A wedyn ffaelu ca'l ffleit. Chi jest yn mynd yn desperet ac yn y diwedd perswado rhywun, bron yn eich dagre, ar eich penlinie . . . yn y diwedd gorffo fi fynd nôl o Awstralia i Seland Newydd, achos o'n i 'di mynd mas i Seland Newydd yn y man cynta gyda chwmni *Air New Zealand*, a ffindon nhw un sedd. O'dd y *Jumbo Jet* 'ma'n llawn am chwech awr ar hugain, pedwar cant o bobol o'ch cwmpas chi, ac o'ch chi jest yn byw 'da'ch meddylie'ch hunan.

*O'ch chi'm yn gallu cysgu?*

O na, a ma'r siwrne'n ofnadwy ar y gore ondife. A wedyn pan o'n i'n Seland Newydd yn '93, o'dd 'Nhad wedi bod yn dost am sbel pryd 'ny, felly o'dd hwnnw ddim gymaint o sioc, ond o'n i 'di bod mas 'na rhyw bythefnos pan dda'th Carol eto a gweud bod Dad yn yr ysbyty. O'dd hi 'di gweud yn yr ysbyty bo' fi mas am ryw chwech wthnos arall, a nhw 'di awgrymu gwell ifi fynd nôl. *So*, gorfod ifi ddod nôl o Seland Newydd am yr eildro. Ond o leiaf gyrhaeddais i nôl pryd 'ny, a fues i gyda 'Nhad am ryw wthnos cyn iddo fe farw. O'dd e ddim gyda ni mewn gwirionedd, ond o leia o'n i'n gweud pethe a fi'n siŵr o'n nhw'n mynd drwodd yn y diwedd, achos o'n i'n ca'l ambell i wên ac ambell i air bach. O leiaf o'ch chi'n nôl i weud ffarwél.

*O'dd hynny'n fendith.*

Falle bo' fi ddim wedi ca'l cyment o flas ar deithio oddi ar hynny, oherwydd yng nghanol y cyffro a'r antur a phopeth mae 'na atgofion gwael, a dyw bod bant o gartre nawr am ryw saith, wyth wthnos ddim yn apelio gyment.

*Huw, y'n ni'n dod at y record ola. 'Wi'n credu bod Bryn Terfel yn lwcus iawn bo' chi 'di dewis mynd i'r byd darlledu yn hytrach na byd y gân!*

Ma' fe! Ma' pobol yn gofyn i fi 'Beth 'taset ti 'di ca'l un uchelgais, gwireddu un freuddwyd, beth fydde'i?' A mae'n agos iawn iawn rhwng arwain tîm rygbi Cymru mas i wynebu Lloegr ar Barc yr Arfau a chanu deuawd gyda Bryn Terfel yn La Scala neu yn y Met, neu yn Sydney *Opera House*. Ond yn canu gyda fe yn fy lle i ar y record hon ma' Andrea Bocelli.

# 'Fe droeon nhw'u cefnau a dangos y llythrennau B R A D W R . Ro'n i'n chwerthin i mi fy hun'

## *Syr William Mars Jones*

**Barnwr**

**Darlledwyd:** 31 Rhagfyr, 1992

**Ailddarlledwyd fel teyrnged:** 21 Ionawr, 1999

### Cerddoriaeth:
1. *Pen Calfaria*
2. *Ail Symffoni*: Rachmaninov
3. *Sul y Blodau*: David Lloyd
4. Darn o waith William Mathias

**Beti George:**

*Brodor o Lansannan, Dyffryn Clwyd yw'r cwmni heddi. Mae* Who's Who *yn rhestru 'i ddiddordebau hamdden – canu, actio a'r gitâr. Mae e'n berfformiwr wrth reddf, ac actor o'dd e am fod pan oedd e'n y coleg yn Aberystwyth. Nid felly y bu, er i ddawn yr actor fod o gryn gymorth iddo yn 'i yrfa ddisglair ym myd y gyfraith. Y llys oedd 'i theatr, ac am yr ugen mlynedd ola, yr Uchel Lys ac ynte'n Farnwr. Mae'n dal i fyw ymhlith gwŷr y gyfraith yn* Grey's Inn Square *yn Llunden, ac yn 'i gartre y buon ni'n sgwrsio, gan ddechre gyda'i enw, Syr William Lloyd Mars Jones.*

*Yr enw Mars yma'n awr, o ble ma' hwnna 'di dod?*

**Syr William Mars Jones:**

Nid o Fars, nac o Mars Bar chwaith. Ond faswn i'n licio ca'l cysylltiad â Mars Bar a deud y gwir 'thach chi. Dwi 'di ymchwilio i'r hanes, ac fel dwi'n deall, Jane Mars o'dd Nain ar ochor 'y nhad ac mi ddoth o Aberdeen a phriodi 'nhaid, o'dd o yn saer llong. A ma'n nhw'n deud mai fo ddaru neud y drws mawr sydd ar yr eglwys yn Llansannan rŵan.

*A Lloyd o'dd ych mam yn ych galw chi yntê?*

Lloyd ia. O'n i'm yn ffond iawn o Lloyd. Pan es i i'r ysgol yn Ninbach, dwi'n cofio Mistar yr Hanes yn gofyn imi, *'What's your name?'* 'William Lloyd Mars Jones,' medda fi. *'Do you like to be called Lloyd?'* Finna'n deud *'No I don't'.* *'Well how about Bill?'* Ac o'dd y clyche'n canu. A ddaru o roid yr enw hwnnw i mi. A dwi 'di dal i gadw at yr enw ar hyd yr amsar.

*O'dd ych mam yn ych galw chi'n Bill wedyn?*

Oedd, oedd fy mam wedi dod rownd i 'ngalw i'n Bill.

*Chi'n byw fan hyn. Mae'n le eitha swnllyd a gweud y gwir on'd ydi?*

Ydi, o'n i'n meddwl 'fod o'n ddistaw dros ben tan ddaru chi ddod yma! Dwi'n hapus iawn yma. 'Sna ddim llawar o bobol sydd yn medru ca'l pethe mor gyfleus i law yn Llundan yntê. Dwi yn byw ymhlith hen gyfeillion yma yn *Grey's Inn*. Fydda i'n medru mynd i ginio ganol dydd neu ginio yn y nos hefo nhw yn *Grey's Inn Hall* yntê.

*Dyna fel fyddwch chi'n treulio'ch bywyd felly y dyddie 'ma?*

Ie. 'Fydda i'n treulio lot o f'amser hefo 'nghyfeillion, a fydda i'n darllen, a fydda i'n meddwl am ysgrifennu rywbryd neu'i gilydd.

*Y'ch chi yn hoff o gymdeithasu on'd y'ch chi? Y'ch chi'n ddyn sy'n lico cwmni.*

O ydw, ydw. Ers y tro cynta yr es i i Aberystwyth, o'ddwn i wedi syrthio mewn cariad â'r lle, achos bod 'na gymaint yn mynd ymlaen yno. A phobol ddifyr i'w cyfarfod ym mhob man.

*Ydi hi'n deg bod barnwyr yn ca'l gweithio tan 'u bod nhw'n saith deg pump?*

O ydi. Dwi'n cydweld yn hollol â hynny. Mae profiad yn bwysig ym mhob math o fyd, ond 'dio ddim mor bwysig ag ydio ym myd y gyfraith, achos profiad ydi'r peth mwya pwysig s'gin farnwr i'w roid.

*Achos ma' rhai ohonyn nhw, o's e ddim, yn mynd yn rhy hen?*

Na, fel o'dd Lord Denning yn deud, ma' gynno fo bob peth 'blaw *resignation* 'de!

*Ond fydde rhai pobol yn dweud bod Lord Denning wedi mynd mla'n yn rhy hir!*

Wel oes, ma' rhai pobol yn deud hynny, ond dwi'n ei edmygu o'n fawr, dwi'n meddwl 'fod o'n dalent rhyfeddol.

*Os allwn ni droi nawr at ych diddordeb chi mewn cerddoriaeth, achos ma'* Who's Who *yn rhestru'ch hobïe chi fel canu, actio a chwarae gitâr. Y gerddoriaeth felly i ddechre. O ble ma' hwnnw 'di deillio?*

O'dd 'y mam yn gyfeilyddes ac yn gantores ryfeddol o dda. Ac o'dd 'y nhad yn denor reit dda hefyd. Ond y dylanwad mwya arna i o'dd diddordeb 'y mam mewn miwsig o bob math.

*A wedyn o'ch chi'n gorfod chware'r piano?*

O'dd rhaid imi ddysgu piano rhyw fath neu'i gilydd, ond yn y diwedd fampio fyddan ni.

*Ar y radio o'ch chi 'di clywed y math 'ma o gerddoriaeth, fampio ar y piano ac ati?*

Ia, fyddan ni'n gwrando ar ôl cinio dydd Sul, yn lle mynd i'r capal yntê, fyddan ni yn mynd i offis 'y nhad i wrando ar *Radio Paris*, ar *headphones* . . . A dyna'r gitâr wedyn. O'dd 'y mam yn awyddus iawn i mi ddysgu chwarae *instrument* o ryw fath.

*O'dd 'i'n fodlon prynu gitâr ichi?*

O oedd yn 'tad, oedd. O'dd y gitâr yn offeryn. Fel bydda hi'n deud, 'Nid *novelty* 'di hwn Lloyd, offeryn'.

*Ond ych record gynta chi – ma' hon yn mynd i fod yn emyn.*

Yndi. Ma' *Pen Calfaria* yn dwyn atgofion dwys iawn i mi. O'dd Mam a 'nhad yn canu lot o emyne, ond *Pen Calfaria* o'dd yr un o'dd yn golygu mwyaf iddyn nhw, ac i minna hefyd 'ramsar hwnnw.

\*   \*   \*

*O'ch chi'n hoff iawn o ddaearyddiaeth on'd o'ch chi?*

Oeddwn yn tad, oeddwn. Dyna o'dd y testun mwya pwysig i mi yn yr ysgol, ac o'ddwn i 'di neud yn well yn Daearyddiaeth na dim byd arall. Ac o'n i'n awyddus iawn i astudio Daearyddiaeth yn Aberystwyth.

*A fuo ddim yn edifar ganddoch chi fynd i Aberystwyth?*

Naddo wir, naddo. Ges i lot o hwyl 'na.

*Ond mynd i fyd y gyfreth wedyn yn Aberystwyth. Pwy o'dd yn dylwanadu fan'ny 'te?*

Tommy Levy o'dd y Prifathro'r amsar hwnnw, ac o'dd o'n andros o ddyn yntê. O'dd o'n medru deud straeon doniol. Dyma fo'n ffonio fi adeg canlyniadau'r arholiad gradd. *'Well, I've got good news for you,'* medda fo. *'What's that?'* *'You've got a first!'* *'I don't believe it,'* medda fi. *'Neither did I,'* medda fo, *'but I've checked.'*

*Dosbarth Cyntaf, a chithe wedi neud gymint o bethe erill yn y coleg. Fuoch chi'n actio on'd do?*

Do, actio ar hyd fy amsar. Dwi'n meddwl 'mod i 'di bod yn Llywydd y *Dramatic Society*, wedi bod yn Llywydd yr *Entertainments Committee*, o'n i'n ymwneud â phob math o bethe o'dd yn gwastraffu amser fel'na!

*Ia, fuoch chi mewn cysylltiad agos â Caradog Evans a'i wraig yr adeg yma wrth gwrs.*

Do'n wir. y Countess Barcynska. Cwpwl hynod o'ddan nhw, yn byw yn *Queen's Square* dwi'n meddwl, yn Aberystwyth. O'ddan nhw'n rhedeg y cwmni drama 'ma yn y *Cory Theatre*, ac mi nesh i gymryd rhan yn *Skin Game*, John Goldworthy. Fi o'dd yr *auctioneer*. Ar ôl i'r ddrama orffen gesh i *exit line* go dda, a mi ddaethon nhw lawr i 'ngweld i. *'You have a great talent'*, medda Caradoc Evans, yr hen foi hefo'i getyn mawr, *'Great talent, great talent'*. Mi o'dd Countess Barcynska ar ben yr *highest heels* welish i rioed gin ferch o'r seis 'na yntê! Ac o'dd hi'n deud *'Oh I think you're a marvellous talent, and I'm very anxious, very anxious indeed to enable you to fulfill it.'* A ddaru nhw gynnig talu am 'y ngyrfa fi yn y *Royal Academy of Dramatic Art*, ac o'ddwn i meddwl, dyma gyfle i mi neud yr hyn dwi *really* isio neud. A nesh i ffonio 'nhad noson honno a deud 'Dwi 'di ca'l newydd da'. 'Be 'di hwn?' 'Dwi 'di ca'l cynnig mynd i'r *Royal Academy of Dramatic Art* yn rhad ac am ddim, a Caradoc Evans a'r wraig yn mynd i dalu i mi.' 'Mynd i lle?' *'Royal Academy of Drama . . . '* 'Drama? Be', mynd i ddysgu bod yn actor? Gwaith y diafol,' medda' fo. *That was that.* O'n i'n gwbod be' o'dd o'n ddeud, yntê, *'No, no, no, a thousand times no'.*

*Mae'n amlwg bo' chi 'di ca'l amser braf yn Aberystwyth.*

Bendigedig. Does 'na ddim lle tebyg i Aberystwyth. Er fy mod i'n Llywydd Coleg Bangor rŵan – peidiwch â deud 'thyn nhw ym Mangor!

*Felly chi 'di dewis rhywbeth i'ch atgoffa chi am y cyfnod yma yn Aberystwyth.*

Do. Wel o'ddwn i'n canu mewn dau *quartet*, y Rhythm Kings a Melody Makers, ac o'ddan ni'n modelu'n hunen ar y Mills Brothers a'r Ink Spots. Ac o'ddan ni'n llwyddiannus. Gaethon ni lot o hwyl.

*Beth o'dd ych hoff gân chi?*

Y gân Mills Brothers dwi'n gofio rŵan ydi *Hand me down my walking cane.*

*Sut ma' honno'n mynd 'te?*

[Canu'r geiriau] *'Oh hand me down, my walking cane . . . If I had listened to what my mother said, I'd be sleeping in a feather bed, and all my sins taken away, taken away.'* Rhwbath felly 'de.

*Ond be' o'dd ych mam yn 'feddwl am hyn i gyd?*

Fasa well gyn'i hi, dwi'n meddwl, 'taswn i 'di cymryd at betha mwy sylweddol 'te. Dyna'i gair mawr hi – 'Cana rywbeth mwy sylweddol'. Ac o'ddwn i'n medru canu lot o betha reit sylweddol hefyd.

*Sgwn i petaech chi yn ddyn ifanc heddi, a'r holl ddiddordebe 'ma, yr actio, y canu, fysech chi wedi mynd i fyd y gyfreth, neu i droedio'r llwyfan? Achos dyna beth o'dd ych cariad cynta chi.*

Mae'n anodd deud on'd ydi? Wrth gwrs, dros foel o Lansannan, ro'dd Emlyn Williams 'di ca'l 'i eni a'i fagu. O'dd o yn un o'ddan ni'n 'i edmygu yn arw, achos o'dd o'n dalentog dros ben. Wna i byth anghofio *Night must fall*, dyna'i chi actiwr.

*Ac eiddigeddu rhywfaint . . . ?*

Nac oeddwn, deud y gwir. O'dd pethe wedi digwydd mor rhyfeddol, bod y rhyfel wedi dŵad a'i gneud hi'n amhosibl i ni neud yr hyn fasen ni 'di licio'i neud.

*Wrth gwrs erbyn hyn ma 'da chi feibion, a dy'n nhw ddim*

*mewn swyddi y byddech chi a'ch tad yn eu hystyried yn swyddi diogel on' nad y'n nhw?*

Nac ydyn yn 'tad.

*Ma'ch mab Adam yn enwog iawn wrth gwrs fel awdur. Y'ch chi'n falch iawn ohono fe siŵr o fod, er nad yw e ddim wedi mynd i fyd y gyfreth?*

O ydw, a mae'n greadur mor ddifyr ychi, ac mae o'n chwarae'r piano 'ma tua thair awr bob dydd! O'n i'n sôn weithia am roid y piano iddo fo, ond y wraig yn deud 'Y fi piau'r piano'!

*A'r ddau fab arall wedyn yn gerddorion.*

Wel, o fath, ydyn. Ydyn. Dydi Tim ddim yn llawar o gerddor, ond ma'r ieuengaf yn gerddor a ma' Adam yn gerddor. Dwi'm yn meddwl basa Tim yn poeni 'taswn i'n deud wrtho nad oes 'na'm llawar o gerddoriaeth ynglŷn â fo.

*Ac eto mae 'di bod yn aelod o grŵp pync, ydi e ddim?*

Na, yr ieuenga ydi hwnnw. Mae Matthew 'di bod yn aelod o grŵp pync.

*Beth o'dd 'i dad yn 'feddwl am hynny 'te?*

Wel o'dd 'i dad yn edrych y ffordd arall yntê! Profiad poenus.

*Fel o'ch chi'n deud o'dd y rhyfel wedi torri ar draws pethe, ac wrth gwrs fe ymunoch chi â'r Llynges, a cha'l profiade digon caled.*

Do, ond o'n i'n falch 'mod i 'di treulio fy amser i gyd ar y môr, nid mewn *shore establishment*. Ond o'dd y profiad yn gymaint o ddylanwad arna i â mynd i Brifysgol. Ma'r ffaith 'mod i 'di dechre fel *Ordinary Seaman*, dechre hefo'r iselaf o'r isa . . . do'ddach chi'm yn trystio nhw. Fasan nhw'n dwyn pob peth o'dd gynddoch chi, ac wrth gwrs o'dd 'u hiaith nhw'n afresymol, ond ar yr un pryd o'ddwn i'n ca'l lot o hwyl efo nhw, ac mi o'ddan nhw'n licio gitâr.

*Felly mewn gwirionedd ma'r gitâr wedi bod yn help i chi ar hyd ych bywyd?*

O ydi, mae wedi bod yn gwmni da iawn.

*Ond wedyn fe fuoch chi am gyfnod gyda'r* convoy *o Rwsia?*

Do, do. Fuesh i tua blwyddyn yn mynd ac yn dod i Rwsia hefo *convoys* dwi'n meddwl, saith neu wyth o *convoys*. O'dd hynny'n dipyn o brofiad.

*Ych record nesa chi ydi Rachmaninov.*

Ia, dwi'n ffond iawn o fiwsig Rwsia. Mae 'na ramant ynglŷn â phethe sy'n gysylltiedig â Rwsia i mi. Wn i'm pam. Mae 'na ryw fath o ddirgelwch ynglŷn â'r miwsig yma. Ac mae o'n lleddf hefyd.

\*     \*     \*

*Pryd gawsoch chi'ch derbyn i'r Bar?*

Ges i 'ngalw i'r Bar yn 1941, gan Mr Ustus Hillbury.

*O'dd y theatr a'ch diddordeb chi mewn drama o help i chi yn ych gyrfa fel Bargyfreithiwr a Barnwr?*

Siŵr o fod, ma' rhaid i chi fod yn actor os 'dach chi'n mynd i fod yn fargyfreithiwr llwyddiannus. Y test o actor ydi bod o wedi ca'l yr ateb mwya ofnadwy, yr un o'dd gynno fo ddim isio'i ga'l o gwbl, ac iddo fe edrych fel 'tasa fo 'di ca'l yr ateb perffaith yntê. Os medrwch chi neud hynny, 'dach chi'n actor go dda, a fyddwch chi'm ymhell o fod yn fargyfreithiwr da hefyd.

*O'dd hynny'n digwydd yn weddol aml, ca'l ych synnu gan ambell i ateb?*

Oedd yn 'tad. O'ddach chi'n dysgu fel 'dach chi'n mynd yn hŷn, ond y cyngor gorau gewch chi ydi, peidiwch â gofyn cwestiwn os na 'dach chi'n gwbod be' 'di'r atab i fod. Wrth gwrs, fedrwch chi'm gofyn llawar o gwestiynau fel yna, ond dyna'r unig ffordd o fod yn siŵr na 'dach chi'm yn rhoi eich traed yn'i.

*Wrth gwrs, o'dd raid i chi ga'l sesiyne hir ymlaen llaw gyda'r bobol o'ch chi'n 'u cynrychioli.*

O oedd. O'ddach chi'n treulio llawar o amsar hefo nhw. O'ddwn i'n ffond o amddiffyn 'de, ond dwi'n meddwl 'mod i'n well *prosecutor* nag o'ddwn i fel amddiffynnydd.

*Yn yr achosion enwog yma, y'ch chi 'di bod yn ymwneud â nhw, ma' isie sgiliau gwahanol on'd oes?*

O oes, hollol wahanol. 'Dach chi'n iawn. Mi gesh i fwy o gyfle, a mater o gyfle ydi, achos y DPP [Cyfarwyddwr Erlyniadau Cyhoeddus] sy'n dewis y bobol sy'n mynd i ymddangos dros yr erlyniaeth. Fedrwch chi ddim dewis bod yn erlynydd. Rhaid i chi ga'l rhywun arall i'ch dewis chi.

*Mae'r* Moors Murder *yn un achos y buoch chi'n ymwneud ag e. O'dd hwnnw'n achos ofnadwy on'd oedd?*

Ofnadwy. Wna'i byth anghofio rhai o'r pethe 'nes i glywed yn ystod yr achos yna. O'dd y boi 'ma wedi bod yn gwneud tâp o'r peth o'dd o 'di neud i'r eneth fach 'ma. Dwi'n meddwl mai dim ond y fi o'dd 'di clywed hwnnw fwy na dwywaith, ac o'dd o'n brofiad ofnadwy.

*Shwt o'ch chi'n dygymod â rhywbeth fel'na, pan o'ch chi'n dod gartref?*

O'dd yn rhaid trio, dwi 'di bod yn lwcus yn hynny o beth. Fydda i'n medru rhoi petha allan o fy meddwl yn hollol. Dwi rioed wedi colli noson o gwsg dros unrhyw achos dwi 'di bod yn ymddangos yn'o fo.

*Yn ystod yr ymgyrch 'ma wedyn i geisio ca'l Myra Hindley yn rhydd, pan ma' ymgyrchoedd fel hyn i ryddhau pobol o garchar, a chithe'n gwbod yn iawn sut natur sy' ynddyn nhw . . .*

Ma' hynny'n broblem ofnadwy cofiwch, 'dan ni gyd yn

gorfod ymdrechu efo hi. Rhaid i chi gym'yd yr ochr ydach chi wedi ca'l ych dewis i'w gynrychioli. Nid y chi ydi'r Barnwr. Ych gwaith chi 'di rhoid yr achos ymlaen yn y ffordd orau medrwch chi. Nid ych gwaith chi 'di penderfynu pwy sy'n deud y gwir ai peidio, gwaith y rheithgor 'di hwnnw.

*Achos y'ch chi'n gredwr cryf on'd y'ch chi yn y rheithgor?*

O dwi'n gredwr cryf iawn yn y rheithgor. Yn 'y mhrofiad i, am amsar maith rwân, dwi rioed wedi gweld nac wedi clywed rheithgor yn bod yn annheg, neu'n bradychu eu llw. Naddo. Rioed. Ma'n nhw bob amsar yn rhoid y *benefit of the doubt* i'r diffynyddion.

*A wedyn yr achos arall wrth gwrs ydi achos Hindawi, y gŵr o'dd wedi rhoi'r bom ym mag llaw ei gariad pan o'dd hi ar fin mynd ar awyren* El Al . . .

Dyn trwblus dros ben oedd Hindawi, ac mi ddaru pethe rhyfedd iawn ddigwydd yn ystod yr achos hwnnw.

*A chithe'n Farnwr erbyn hyn, yn rhoi carchar am ddeugain a phump o flynyddoedd iddo fe – y cyfnod hwya o garchar mae unrhyw farnwr wedi ei roi ym Mhrydain.*

Dwi ddim yn siŵr, ond felly dwi'n ddeall.

*Chi'n falch o'r record honno?*

Nacdw, 'dio ddim yn fater o record i mi, dydi hynny ddim yn fater o bwys i mi. Y ffaith ydi, dyna o'ddwn i'n feddwl o'dd y dyfarniad y dyle fo'i gael.

*Achos ma'r enw 'da chi o fod yn ddyn llym iawn yn y llys.*

Wel, ma' bobol wedi 'nghlywed i ac wedi 'ngweld i'n gweithio ar hyd fy mywyd, a ma'n nhw'n gwybod 'mod i'n medru bod yn dyner dros ben hefyd. Mae'n dibynnu ar yr achos, ac ar y dyn.

*Ac ma'n nhw'n deud bo' chi'n dipyn o hwyl y tu allan i furiau'r llys.*

O ydan, dwi'n mwynhau cwmni y bargyfreithwyr ac ma' hynny wedi bod yn fater o bwys mawr i mi, ac yn fater o falchder i mi hefyd, bod gynna'i gymaint o gyfeillion ar y Bar yntê.

*Y'ch chi 'di dewis* Sul y Blodau *fel ych record nesa. Dwedwch wrthon ni pam.*

Ma' hi'n gân o'ddwn i'n ganu hefo'r gitâr pan o'n i'n ifanc iawn ac yn dechre, a dwi wedi bod yn 'i defnyddio'i o dro i dro pan o'ddwn i'n ca'l 'y ngalw i ganu, gan 'y nghyfeillion ar y gylchdaith Gymraeg. Dyna un o'n *solos* i.

*Y'ch chi 'di dewis David Lloyd.*

Do. 'Nes i ymddangos dros David Lloyd yn yr achos yn erbyn y BBC, achos trist iawn. Tenor digymar oedd David Lloyd.

\*    \*    \*

*Actor, canwr, gitarydd, gwleidydd hefyd wrth gwrs. Yn 1945*
*o'ch chi'n ymgeisydd Llafur dros Orllewin Dinbych.*

Ia, ac wrth gwrs amsar yna o'dd 'na lot o 'nghyfeillion i'n
sefyll. O'dd Irene White yn sefyll yn Fflint, ac roedd
Cledwyn wrth gwrs yn sefyll yn Sir Fôn. Dwi'n meddwl
mai dyna'r tro cyntaf iddyn nhw i gyd fynd i fewn. A fi
o'dd yr unig un ddaru fethu neud. Mi fwynheais fy amsar
yn ystod y lecsiwn. O'dd gynna i lot o gefnogwyr da.

*Ond pam o'ch chi 'di dewis y Blaid Lafur?*

'Ramsar hwnnw o'dd pawb yn Llafurwyr. O'ddan ni yn y
rhyfel yn ca'l beth o'n nhw'n galw'n *current affairs classes*
ac o'dd rheiny i gyd wedi slantio tuag at y Blaid Lafur.

*Chi'n dal i gefnogi Llafur?*

Dwi'm yn cefnogi unrhyw barti politicaidd rŵan. Bobol
bach.

*Be'? Sdim hawl 'da chi?*

Nac oes.

*Ma' hawl 'da chi ar hyn o bryd wrth gwrs, on'd oes, wedi*
*ymddeol?*

Na, 'di hynny'n gwneud dim gwahaniaeth. Ma' rhaid i mi
gadw 'nhraed a 'nwylo allan o'r wleidyddiaeth 'ma.

*Ond o'dd 'na rai penderfyniade o'dd yn rhaid i chi neud, a'r dyfarniade o'dd raid i chi roi, yn gorfod bod yn wleidyddol weithie? Dwedwch chi nawr bod rhywun wedi gneud rhywbeth ac y bydde hi'n wleidyddol ddoethach i arbed pethe rhag mynd yn waeth, i roi rhyw ddyfarniad gwleidyddol felly.*

Na, dwi'm yn meddwl bod hynny wedi dylanwadu arna'i o gwbwl. Ond o'dd 'na rai pobol yn groes ofnadwy 'mod i 'di rhoi *suspended sentence* mewn un achos!

*I fechgyn Cymdeithas yr Iaith yntê. Saith ohonyn nhw yn Abertawe. Wrth gwrs o'dd rhai yn meddwl mai dyfarniad gwleidyddol o'dd hwnna.*

O'ddan nhw?

*Oedden.*

Wel, wel, dwi'n synnu!

*Achos fe fydde wedi creu terfysg petaech chi 'di 'rhoi nhw yng ngharchar.*

O, bobol bach.

*Merthyron ac ati.*

Rargian fawr, na. Doedd pethe felly ddim yn effeithio arna i. Nac oeddan.

*Ond faint o ddilema o'dd hynny i chi, ych bod chi'n gorfod barnu mewn achos yn ymwneud â'r iaith a chyfiawnder dros yr iaith.*

41

Ia, wel, fedra'i ddeud hyn. Dwi rioed wedi ymgymeryd ag achos mwy caled na hwnna. Naddo.

*Achos wrth gwrs, o'ch chi wedi rhoi* injunction, *on'd o'ch chi, nad o'dd neb i fod dweud dim byd cas amdanoch chi, a fe gadwyd at hynny wrth gwrs, on'd do?*

Do tad, do. O'ddan nhw yn rhyfeddol o glyfar. Ar ôl i mi ddweud, os basa rhywun yn deud gair yn f'erbyn i tra bydden i yn y car neu ar y ffordd o'r car i'r llys, mi fysen nhw mewn trwbwl, 'sen nhw yn y ddalfa. Ac o'dd yn syndod i mi weld y bechgyn 'ma yn sefyll ar y palmant yr ochr arall i'r ffordd o'r *entrance*, a phan ges i fynd allan o'r car ddaru nhw i gyd droi rownd a dangos eu cefnau i mi, ac o'dd 'na lythyren ar gefn pob un ohonyn nhw, a beth o'dd o'n sbelio o'dd B R A D W R, ac o'ddwn i'n meddwl bod hynny'n beth *ingenious* dros ben, ac o'ddwn i'n chwerthin i fi fy hun.

*Ond beth am y gair 'bradwr' 'ma. O'dd ddim mo hwnnw'n ych dolurio chi?*

O nag oedd. O'n i'n meddwl bod nhw 'di bod yn glyfar a bod hynny'n dipyn o hwyl. O'n i'm yn cymryd hynny'n fater rhy boenus. 'Taswn i'n teimlo hynny faswn i'n rhoi nhw i gyd yn y ddalfa on' baswn? Ond 'nes i ddim. Naddo.

*Be' ma' Cymru yn ei olygu i chi?*

Wel, ma' Cymru yn fam ac yn dad i mi, ac ma' 'mhlant i hefyd yn meddwl bod nhw yn Gymry, a ma' hynny'n fater o bleser ac o falchder i mi.

*A'r Gymraeg wedyn?*

Ma'r Gymraeg yn bwysig i mi mewn bob math o ffyrdd, ac o'ddwn i yn falch o ga'l cymryd rhan yn Cymreigio y llysoedd yng Nghymru. Dewi Watkin Powell a finna, dwi'n meddwl, nath y rhan fwya o'r gwaith i baratoi cyfieithwyr. O'ddan ni'n treulio un gwylie bob blwyddyn i fynd ati i ga'l *mock trials* ac felly ymlaen i'r cyfieithwyr ymarfer defnyddio'r Gymraeg yn y llysoedd. A dwi'n meddwl bo' hynny wedi ca'l lot o effaith ar y terfysg o'dd yng Nghymru ar yr amsar yna, ac ar ddyfodol y Gymraeg yn y llysoedd.

*Wrth gwrs y peth eironig yw bod hyn wedi digwydd oherwydd bod aelodau Cymdeithas yr Iaith wedi torri'r gyfraith.*

Dwi ddim yn barod i gydweld â chi ar hynny, ond fel mater o hanes, ar ôl iddyn nhw dorri'r gyfraith yr aethon ni ati i neud trefniadau mwy cymwys ar gyfer yr iaith.

*A'ch record ola, chi 'di dewis darn o waith y diweddar William Mathias.*

Ie wir. Wel o'ddwn i'n nabod William yn dda iawn. O'ddwn i'n nabod o gynta pan o'n i'n ca'l 'y ngneud yn Llywydd Coleg Bangor, a ddaethon ni'n ffrindia mawr. Wrth gwrs o'ddwn i'n 'nabod o hefyd mewn cysylltiad â gŵyl miwsig Llanelwy. O'dd o'n hynod o lwyddiannus fel *director* yr ŵyl, ac o'dd o'n hawdd neud efo fo, yn llawn o syniade . . . Mae o'n dristwch mawr i feddwl cymaint o'dd gynno fo i roid i'r Cymry ac i'r iaith Gymraeg, na chath o mo'r cyfle. Ond wnawn ni byth 'i anghofio fo.

# 'Roedd saith neu wyth o hogia o'n i'n nabod ar y stad yn Rhyl yn rhoi croeso imi yng ngharchar Walton'

## *Ffred Ffransis*

**Ymgyrchydd Iaith**

**Rhan 1**
**Darlledwyd: 30 Hydref, 2003**

**Cerddoriaeth:**
1. *Nkosi Sikeleli Afrika, anthem genedlaethol De Affrica:* Ladysmith Black Mambaso
2. *Emyn Roc a Rôl:* Angylion Stanli
3. *Bod yn rhydd:* Dafydd Iwan
4. *Joio byw:* Delwyn Sion a'r Chwadods

**Beti George:**

*Mae'n un o'r bobol hynny y mae'n dyled ni, Gymry Cymraeg, iddo yn fawr iawn . . . Fe gymrodd neges Saunders Lewis yn bersonol a phenderfynodd fod yn rhaid iddo fe fel unigolyn greu chwyldro i achub yr iaith rhag difancoll . . . Treuliodd gyfnode maith mewn carchar, ac er ei fod yn destun sbort i rai o'dd yn 'i wawdio a'i ddilorni, parhau wna'th e â'i frwydr a'i dasg yn arwain ymgyrchoedd di-ri dros yr iaith. Ac mae e wrthi o hyd, er ei fod e erbyn hyn yn daid i bedwar o rai bach . . .*

*'Wi'n gwbod am rai dynion sy'n 'i cha'l hi'n anodd i fod yn dadcu achos 'u bod yn sylweddoli 'u bod nhw'n mynd yn hen. Beth amdanoch chi, Ffred?*

**Ffred Ffransis:**

Nath hynny ddim effeithio arnaf i. Dwi'n cofio darllen bod Awstin Sant wedi deud rhywbryd, wrth adrodd 'i hanes, 'fod o wedi bod yn fachgen, a wedyn aeth yn ddyn, neu'n hytrach daeth dyndod iddo fe. Yn union 'run ffordd y daeth taid-dod i fi, heb i fi neud unrhyw beth o gwbl, a dwi jyst yn cario mlaen yn fy ffordd yn hunan. Ma'n nhw'i gyd yn nabod fi fel Taid Nyts erbyn hyn. Ma' 'na ddau daid gan ddau ohonyn nhw, ac ma' raid iddyn nhw wahaniaethu. Felly Taid Nyts ydw i, ac am wn i mai teidiau call yw'r lleill.

*Iaith yr unfed ganrif ar hugain yw 'nyts' ondife?*

Ia. O enau plant bach y'ch chi'n derbyn y gwirionedd yntê?

*Ry'ch chi'n deulu anferth on'd y'ch chi, Meinir ych gwraig yn un o saith. Pa mor agos y'ch chi? O's modd cofio pwy yw pawb?*

'Dan ni'n ca'l enwau'n rong trwy'r amser, ond ry'n ni yn agos oherwydd 'bod ni'n mynd trwy brofiade mawr gyda'n gilydd, a'r rheiny'n asio ni ynghyd. Ma' popeth 'dach chi'n mynd trwyddo fo mewn bywyd yn ych cryfhau chi, a mae'n bwysicach fyth 'bo' chi'n mynd trw'r profiade 'na gyda'ch gilydd, boed yn deulu, yn gymuned neu'n genedl.

*O's dim gwrthryfela wedi bod o du unrhyw aelod?*

O oes, weithia, gwrthryfela personol, ond o ran cred sylfaenol yn yr angen i frwydro am ddyfodol i ni'n hunen fel Cymry, ma' pob un o'r teulu wedi credu hynny, ond wedi dilyn gwahanol ffyrdd yn 'u bywyde 'u hunen i geisio gneud cyfraniad bach at yr achos 'na.

*A 'wi'n deall bo chi 'di bwcio'ch gwylie yn barod ar gyfer y flwyddyn nesa.*

Odyn glei! Mae'n rhaid gneud, achos gyda theulu sylweddol – ma' rhyw bymtheg rhwng pawb – mae'n rhaid sicrhau 'bod ni'n bwcio gwylie ar y gost leia posib, ac mae'n rhaid trefnu ymlaen llaw. Felly draw i Bortiwgal fyddwn ni'n mynd flwyddyn nesa, gobeithio i gefnogi Cymru, os methith hynny mi ffindiwn ni ryw wlad arall i gefnogi [yng Nghwpan y Byd 2004]. Bydd digon o ddewis.

*Felly y'ch chi fel teulu yn gefnogwyr y bêl gron?*

Mae'n gallu bod yn broblem. Ma' Meinir wedi ca'l 'i magu yn nhraddodiad rygbi, ond 'wi'n credu bod y rhan fwyaf o'r plant wedi 'nilyn i erbyn hyn. Un peth sy'n bwysig iawn iawn mewn pentre, a dylid cydnabod hyn wrth sôn am ddeinamics bywyd pentrefol, yw cael cae chwarae. Mi nath un cymwynaswr mawr yn yn pentre ni ychydig flynyddoedd nôl roi cae chwarae i'r pentre, ac ma'r plant yn dod ynghyd a mynd trw brofiad chwaraeon gyda'i gilydd, a chwarae fel tîm, ac er mai pentre bach iawn ac ysgol fach iawn oedd yna, ma'n nhw wedi bod yn llwyddiannus iawn. Ma'n nhw'n llawer mwy llwyddiannus fel tîm na fysen nhw wedi bod fel unigolion.

*Fentra i bod rhai ohonyn nhw yn esgus bod yn David Beckham?*

Na, na. Dwi'n cofio un ohonyn nhw'n gwisgo crys David Beckham ac o'dd y plant erill yn troi arno fo, ond o'dd o'n protestio mai 'i fam o'dd wedi'i brynu iddo fe! Ddim fe o'dd wedi'i ddewis! Na, Giggsy ma'n nhw'i gyd isio bod!

*Chithe'n gefnogwr pêl-droed, yn dwlu ar Elvis, ma' hynny'n wybyddus i bawb. Beth ma'ch plant yn gwrando arno felly? Recordiau Cymraeg drwy'r amser, neu ydyn nhw fel plant pawb arall yn gwrando ar recordiau Saesneg hefyd?*

Dwi 'di gweld newid. Ma'r pedwar hyna yn blant yr wythdege, a'r tri ifanca yn blant y nawdege. Roedd y rhai hyna'n gwrando llawer iawn ar recordie Cymraeg, a dilyn llawer iawn o'r gigs Cymraeg – o'n nhw'n gwrando ar gerddoriaeth Saesneg gyfoes ym mhreifatrwydd eu stafelloedd, ac o'n nhw'n gwrando ar dapie Elvis. Erbyn tua diwedd y nawdege roedd sîn y bandiau Cymraeg wedi dirywio gyment, mae e'n dod adre'n bersonol iawn 'bod ni mewn peryg o golli rhai o enillion mwya'r chwarter canrif diwetha. Yr hyn naethon ni ennill yn fwy nag unrhyw beth arall o'dd i gysylltu'r Gymraeg efo popeth o'dd yn ifanc ac yn herfeiddiol, lle oedd hi o'r blaen yn cael 'i chysylltu gyda phopeth oedd yn hen ac yn marw. Adloniant bywiog Cymraeg o'dd un o *spin-offs* cynta hynny, ac ma' peryg i hwnna fynd ar goll. Dyw e ddim wedi mynd yn gyfan gwbl, bydde unrhyw un yn ystod wythnos yr Eisteddfod yn gallu gweld bod 'na fwrlwm Cymraeg o hyd, ond dyw e ddim cweit yr un peth.

*Ond o'ch chi'n rhybuddio'n ddiweddar hefyd na ddylen ni bobol hŷn ddisgwl i bobol ifanc gefnogi'r pethe Cymraeg traddodiadol y'n ni'n gyfarwydd â nhw, fel S4C, y Steddfod, Radio Cymru, cerddoriaeth Gymraeg, bod angen iddyn nhw wrthryfela yn erbyn y sefydliad Cymraeg yma.*

Oes, dyna'r cyfraniad mwya nath Mao Tse-tung i'r byd, o'dd o'n pregethu pregeth chwyldro parhaus. Mae'n rhaid i bob cenhedlaeth allu cynnal yr un gwerthoedd sylfaenol o gariad a gneud pethau gyda'n gilydd, a derbyn cyfrifoldeb am yn gwlad a'n teulu, ond i ddehongli'r gwerthoedd yna trwy 'u diwylliant 'u hunen, 'u sefydliade 'u hunen. Dyna lle ma'r peryg, oherwydd ma'r Gymraeg ar ddechre'r ganrif newydd 'ma mewn peryg eto o gael ei ffosileiddio. Ma'r hen sianel diriogaethol S4C ar gael yn Gymraeg, ond ma'r holl sianeli lloeren, digidol, rhyngrwyd yn Saesneg. Ma'r hen operator *BT* yn dal i gynnig rhyw wasanaeth dwyieithog, ond ma'r holl gyfrynge cyfathrebu newydd, cyfrynge bancio newydd, yn gwbl Saesneg, ac ma' 'na beryg i'r Gymraeg unwaith eto ym meddylie Cymry ifanc, ga'l 'i chysylltu gyda'r hyn sy'n hen ac yn marw, gyda'r genhedlaeth flaenorol. Mae 'na wrthryfel yn erbyn hynny, nid yn erbyn gwerthoedd y genhedlaeth flaenorol ond yn erbyn 'u sefydliade nhw, a'n gwaith ni fel pobol ganol oed a hŷn yw hyrwyddo'r ffordd i Gymry Cymraeg ifanc ail-ddarganfod y gwerthoedd 'na yn 'u ffordd 'u hunen.

*Dy'n ni ddim fel 'sen ni'n gweld y bobol ifanc fel pobol sydd â diddordeb eang mewn gwleidyddiaeth, yn yr hyn sy'n digwydd yn y byd, dy'n ni byth yn gweld rhaglenni'n adlewyrchu hynny na'dyn ni?*

Drychwch ar raglenni Radio Cymru ar gyfer pobol ifanc gyda'r hwyr. Ma'n nhw'n meddwl bod pobol ifanc yn hynod un dimensiwn, heb unrhyw allu 'u hunen. Ma' peryg o siarad lawr gyda phobol ifanc a ma' hyn i gyd yn deillio o'r ffordd 'den ni'n trin pobol ifanc yn y drefn addysg. Dy'n nhw ddim yn ca'l creu unrhyw beth, dy'n nhw ddim yn ca'l 'u grymuso gyda'r wybodaeth, y sgiliau hanfodol i neud *impact* yn y byd. Mae hynny'n bwysig i ni yng Nghymru: mi fydd y Saesneg, y gwareiddiad Saesneg, yn byw oherwydd yr holl rymoedd economaidd sydd y tu ôl i'r Saesneg, ond yr unig ffordd fydd y Gymraeg yn byw yw os bydd pob cenhedlaeth o'r newydd yn gweld gwerth ynddi fel rhywbeth arbennig iddyn nhw'u hunen.

*Fyddwch chi'n gwrando'n aml ar gerddoriaeth, Ffred?*

Fedra'i ddim deud bod cerddoriaeth er 'i fwyn 'i hunan yn bwysig i mi. Dwi yn teimlo'n amal iawn bod cerddoriaeth yn rhyw fath o gyffur, dim ond bod pobol ifanc yn ca'l 'u bwydo gyda chyffur cerddoriaeth, fyddan nhw ddim yn poeni gwleidyddion ormod. Dyw cerddoriaeth ddim ond yn dod yn fyw i fi pan mae yn cyfleu rhyw neges, yn rhan o fywyd ehangach. Wedi dweud hynny, dwi yn cydnabod bod 'na gyfnod diwedd y chwedege pan a'th hyn yn obsesiwn. O'dd pob un gân Gymraeg yn gân wladgarol nes o'dd rhywun eisie troi i ffwrdd, eisie ymlacio'n llwyr. Dwi yn deall bod angen i bobol ymlacio'n llwyr yn Gymraeg, ond ma' 'na beryg inni fynd i'r cyfeiriad arall ac os yw cerddoriaeth yn ymddangos yn ddi-ddim, dyw e ddim cyment â hynny o ddiddordeb i fi.

*Dyw'ch record gynta chi yn sicr ddim yn gerddoriaeth ddi-ddim on' nadi?*

Na. *Anthem genedlaethol De Affrica*. O ran 'y ngwaith dwi 'di ca'l achos i ddelio gyda grwpiau o bobol yng ngogledd a gorllewin Affrica, ac ma' 'na ambell ran o gerddoriaeth sy'n gyrru ias trwyddoch chi ac yn ein gosod ni yng Nghymru yng nghyd-destun ehangach rhai sy'n brwydro am 'u hunaniaeth mewn gwahanol ffyrdd.

*     *     *

*I fynd nôl i'r gwreiddie, rhyw fagwreth ddigon ansefydlog gawsoch chi ar y dechre yntê?*

Ges i 'ngeni ym Mae Colwyn ac o'n ni'n byw yng

Nghonwy ar y pryd, yn symud nôl a mlaen rhwng Conwy a Llandudno. O'dd 'y nhad wedi symud i mewn i'r ardal i briodi Mam, o'dd Mam o Fae Colwyn, ac o'dd o am fynd â ni draw i Dde Lloegr o ble o'dd o'n hanu. 'Nes i dreulio rhai misoedd yn Bognor Regis, wedyn yn Weston Super Mare. F'atgof cynhara fi am Weston Super Mare ydi cymryd taith diwrnod ar awyren i Gaerdydd ac yn ôl. O'dd Mam ddim yn hapus yn Ne Lloegr, o'dd hi isio dychwelyd i Gymru. O'dd hi wedi cael ar ddallt mai llefydd i hen bobol oedd Bae Colwyn a Llandudno, ac ma' Rhyl o'dd y lle i fagu plant a phobol ifanc. Felly dwi'n cofio dod oddi ar y trên yn dair oed, cyrraedd 'Sunny Rhyl' ac o'dd hi'n pistyllio bwrw glaw! A ffindio rhyw fflat i fyw ynddo fo am chydig wythnose nes bod 'nhad yn buddsoddi 'i holl gynilion mewn rhyw dŷ gwely a brecwast mewn rhan weddol dawel o'r Rhyl, a fan'no fuon ni am ryw dair blynedd wedyn.

*Chi'n cofio hynny'n dda? Pobol yn dod i aros, ac ati?*

Ydw, dwi'n cofio'n eitha. Dwi'n cofio un cythrwfwl 'nes i, o'n nhw wedi plannu rhyw faneri yn yr ardd, ac o'n i 'di mynd rownd a'u dwyn nhw i gyd, mae'n debyg. O'n i'n protestio bo' fi ddim yn euog, ond dyna fo. Ond nath y fenter honno ddim para beth bynnag, o'n i'n rhy ifanc i ddeall ar y pryd. Oedd yn rhieni'n methu cadw fyny efo'r morgej a felly mi fuon ni am ryw dair blynedd, pan o'n i rhwng chwech a thua naw oed, yn symud o fflat i fflat yn y dre. Ar y dechre roedden ni'n cymryd stafell, yn anghyfreithlon fel mae'n digwydd, yn nhŷ cyngor rhyw bobol erill, o'n nhw'n 'i is-osod i ni, nes bod y cyngor yn ffindio allan, wedyn symud ymlaen i ryw fflat yng nghanol y dre. Ond bob tro o'dd Pasg yn dod, o'ddan ni'n cael yn troi allan achos bod twristiaid yn talu mwy o arian, a ninna'n gorfod ffindio rhywle arall. A wedyn pan o'n i'n naw oed, do'n i ddim yn gallu deall yn iawn beth oedd yn digwydd ond o'dd llawenydd aruthrol yn y tŷ wrth agor y post, o'ddan ni 'di ca'l cynnig tŷ cyngor o'r diwedd. Wedyn mi fues i mewn dwy stad dai cyngor yn Rhyl nes bo' fi'n gadel i fynd i'r Coleg yn Aberystwyth yn ddeunaw.

*O'dd 'i'n go fain arnoch chi fel teulu?*

O'dd, ond mewn termau cymharol. Hynny yw, o gymharu â'r hyn ma' rhywun yn ei weld yng ngwledydd gorllewin Affrica, o'dd gen i bopeth. O'n i ddim yn newynu o gwbwl, ond o'ddan ni'n gorfod gneud yn teganau'n hunen. Dwi'n cofio yn y stad dai cyngor pan o'dd cloch y fan hufen iâ'n dod draw, dyna'r *sob story*, o'ddan ni ddim yn gallu fforddio ca'l hufen iâ, dim ond prynu'r cornet am hen geiniog. Dyna'r cwbwl o'ddan ni'n gallu'i ga'l bob tro, o'dd cornet heb yr hufen iâ! Ond o leia o'ddan ni'n cael ciwio amdano, o'dd yn rhyw fath o *treat* beth bynnag.

*Ac fe basioch chi'r* 11 plus.

Do, o'dd hwnna'n brofiad erchyll. Profiad o lawenydd o'dd pasio, meddwl bod rhywun wedi llwyddo, a mi lwyddodd 'y mrawd flwyddyn ar yn ôl i. Ond o'dd hi'n drefn ffiaidd, dwi'n credu ar y stad dai cyngor fawr lle o'n i'n byw, siŵr bod 'na ryw dri chant o blant o oedran ysgol uwchradd, a dim ond rhyw chwech ohonon ni o'dd yn mynd i'r ysgol ramadeg, a'r gweddill yn mynd i'r ysgol eilradd fodern. Felly o'n i ddim yn ffitio mewn yn iawn yn y naill le na'r llall. Yn y stad lle o'n i'n treulio'n holl amser, hwnnw o'dd y pentre mewn ffordd, o'dd pobol yn edrych 'bach yn od arnan ni fel rhyw *snobs* ysgol ramadeg. Ac yn 'r ysgol ramadeg wrth gwrs, o'n i byth yn gweld plant erill y dosbarth tu allan i'r ysgol. O'dd hynny'n ansefydlog, a diolch byth bod y drefn 'na wedi dod i ben.

*Ond yn ddiweddarach yn eich bywyd, o'ch chi'n falch o weld rhai o'r plant 'ma o'ch chi 'di neud ffrindie â nhw ar y stad yn y Rhyl.*

Yn hollol. Bedair blynedd ar ôl gadael Rhyl dyma fi'n ca'l yn hunan wedi 'ngharcharu yn Lerpwl. Wrth fynd nôl o Aberystwyth i'r Rhyl yr adeg honno do'n i byth yn gweld braidd dim o'n ffrindie o'r stad, a dyna lle weles i nhw o'dd yng ngharchar Walton: o'dd saith neu wyth ohonyn nhw yno'n rhoi croeso i fi! Ond mewn difri o'dd yn amser i yn haws mewn carchar na phrofiad llawer iawn o aelodau Cymdeithas yr Iaith oherwydd 'y nghefndir yn un peth, y math o bobol o'n i'n cyfarfod nhw yn y carchar o'dd y math o bobol o'n i 'di ca'l yn magu gyda nhw beth bynnag. Yr un iaith, yn llythrennol ac o ran safon yr iaith hefyd, o'n i 'di ca'l yn magu yn 'i sain hi! Felly do'dd o'm cymaint o *culture shock* i fi ag oedd o i lawer iawn o aelodau Cymdeithas yr Iaith wrth ga'l 'u carcharu.

*O'ch chi'n mynd i gapel pan o'ch chi'n blentyn yr oedran 'na ar y stad yma yn Rhyl?*

Fues i unwaith i gapel Methodist a cha'l croeso mawr. Dwi'm yn gwybod pam 'nes i ddim mynd yn ôl, o'dd yn rhieni yn credu yn Nuw ac yn cyfleu hynny, ond o'ddan ni ddim yn mynd i gapel. Oherwydd, siŵr o fod, nad dyna o'dd pobol yn neud ar y stad. Pan o'n i yn y chweched dosbarth, 'nes i benderfynu ffurfio cynllun mawreddog yn hunan – o'n i'n mynd i ffindio allan beth o'dd hyn i gyd ambitu a felly 'nes i benderfynu bob nos byddwn i'n darllen pennod o'r Beibl, y Beibl Saesneg o'dd hynny pan o'n i tua phymtheg, un deg chwech oed, a chychwyn yn yr Hen Destament, a 'nes i ddal ati trw styfnigrwydd am flwyddyn a hanner. O'dd o'n golygu dim yw dim yw dim i fi! 'Nes i ddechre mynd i'r capel fel rhan o'r broses o gefnogi sefydliade Cymraeg yn Rhyl pan o'n i yn y chweched dosbarth, ac wedyn yn y coleg gan mai sefydliade Cymraeg o'n nhw, ond o'ddan nhw'n tyfu'n fwy na hynny wedyn.

*Y'ch chi'n cyfri'ch hunan yn Efengylwr?*

Ma' bod yn Efengylwr wedi magu rhyw ystyr fel 'tasa fo'n air budur gan lawer iawn o bobol yng Nghymru, yn anffodus. Ystyr y gair 'efengyl' neu 'efengylwr' yw lledu'r newyddion da. Dwi'n cyfri'n hunan yn Gristion, dwi'n gwybod o 'mhrofiad yn hunan, pan dwi'n byw yn ffordd cariad, yn ffordd Crist ac yn edrych ar y byd trwy lygaid Crist, ac yn byw felly'n gyson, adeg hynny ma' pethe'n mynd yn iawn yn 'y mywyd i. Naw deg y cant o'r amser pan dwi ddim, ma' popeth bach yn mynd ar fy nerfa fi, ac os dwi'n meddwl bod y byd yn troi o 'nghwmpas i'n hunan ma' pob math o bethe'n mynd yn rong . . .

*Pa mor agos o'ch chi at ych rhieni?*

O'dd 'y nhad yn hen iawn pan ges i 'ngeni. O'n i'n agos ato fo mewn rhai ffyrdd arbennig, hynny yw, o'dd o'n hoffi teithio ac o'r amser o'dd 'y mrawd a finne tua deuddeg ymlaen, am bump i chwe mlynedd, bydden ni'n mynd ar deithie i Lunden, es i i Paris gyda fe hefyd, jest ar deithiau diwrnod. O'dd o'n helpu ni gyda gwaith, ond oherwydd 'i oedran do'dd o ddim yn gallu ymuno'n llawn yn yn bywyde ni. Mam o'dd yna reit yng nghanol y gweithgarwch drwy'r amser. Wrth gwrs gadewes i pan o'n i'n ddeunaw, nid gadael y cartre'n unig ond gadael yr ardal hefyd. Dwi'n lwcus o ran 'y ngwaith, dwi'n gallu dychwelyd i Rhyl bob rhyw ddwy i dair wythnos, ond dwi wedi gadael cartre dros dri deg pump mlynedd nôl erbyn hyn.

*O'dd ych tad 'di marw wrth gwrs cyn bo' chi'n dechre mynd i garchar?*

Oedd. Yn ffodus iawn o'n i o flaen y llys am y tro cynta ryw fis cyn iddo fo farw, a phan glywodd o am hyn, o'dd o'n poeni ac yn teimlo'n gynhyrfus iawn am y peth. A 'nes i esbonio popeth iddo fo, nath o wrando ac o'dd o'n berson digon mawrfrydig, achos o'dd o'n ddi-Gymraeg wrth gwrs, wedi ca'l 'i fagu yn Lloegr. Ar ôl gwrando arnaf i a dallt 'mod i o ddifri ac yn deall be' o'n i'n neud, mi ddeudodd bod o'n rhoi pob cefnogaeth i mi, ac mi o'dd hynny'n golygu lot.

A Mam wedyn, pan o'n i yn y carchar, do'dd hi ddim yn deall yr ymgyrchoedd mewn gwirionedd, ond o'ddan ni'n lwcus iawn mewn lle fel Rhyl, yn wahanol eto i brofiade llawer o aelodau Cymdeithas yr Iaith o'dd yn ca'l problem fawr gan 'u rhieni oherwydd bod 'u rhieni o genhedlaeth fwy ceidwadol. Yn Rhyl, gan fod y Cymry Cymraeg mewn tipyn o leiafrif, o'dd teuluoedd cyfan yn tueddu i fod yn gefnogol i'r achos, nid y plant yn unig, nid unigolion. Felly o'dd gyn Mam nifer o deuluoedd i droi atyn nhw a gofyn iddyn nhw am 'u cyngor. 'Ydi Ffred yn neud y peth iawn?' Ac o'n nhw'n deud, 'Ydi, rydan ni'n 'i gefnogi o'. Oherwydd hynny mi o'dd Mam a rhieni rhai o'm cyd-ddiffynyddion, o'dd hefyd yn dod o'r Rhyl, yn tueddu i arwain y protestiadau tu allan i Lysoedd y Goron ac aelodau erill o Gymdeithas yr Iaith yn taflu eu hunain o flaen y bysys oedd yn mynd â ni i garchar.

*Mae'n gwneud bywyd lot yn haws i rywun fel chi fel ymgyrchydd pan o'ch chi'n gwybod bod 'na gefnogaeth oddi wrth bobol gyffredin fel yna on'd yw e?*

O'dd hynny yn haws o lawer. Ma' fy mab i, Hedd, yn un o swyddogion cenedlaethol Cymdeithas yr Iaith erbyn hyn, ac mae o'n deud trw'r amser 'O'dd hi'n gymint haws yn dy gyfnod di on'd oedd?' Hynny yw, pan o'dd 'na fil o bobol yn dod i rali neu Noson Lawen yn y Pafiliwn yn Rhyl a rhyw fil o bobol yn gwrando ar be' o'ch chi'n deud, mi o'dd hynna'n haws. Ac wrth gwrs, fedrwch chi byth ail-greu cyfnod o gychwyn rhywbeth newydd, mae'n rhywbeth mor sbesiyl. Yn yr un ffordd fedrwch chi byth ail-greu'r wefr o fod yn bresennol ar enedigaeth plentyn cynta. Be' fedrwch chi neud yw symud ymlaen at brofiade o natur wahanol yn hytrach na cheisio ail-fyw'r gorffennol.

*Chi 'di dewis* Angylion Stanli *yn canu* Emyn Roc a Rôl. *Oes dylanwad Elvis ar rhain?*

Oes, fyddwn i'n deud. Dwi'n crafu yn fan hyn, ond dwi'n trio dod â rhyw arwyddocâd gwleidyddol i mewn hefo'r gân yma! O'n i'n neud yn siŵr bod yn plant ni'n ca'l 'u magu yn sŵn roc a rôl oherwydd 'namcaniaeth i o'dd nad o'dd plant roc a rôl byth yn geidwadwyr, a dyma i fi y gân orau gath 'i recordio erioed yn Gymraeg. *Emyn Roc a Rôl*, Angylion Stanli.

## Rhan 2
**Darlledwyd:** 7 Tachwedd, 2003

*Pryd fagoch chi'r diddordeb yn yr iaith Gymraeg, Ffred? O'ch chi'n ymwybodol ych bod chi'n Gymro i ddechre, o feddwl ych bod chi wedi byw yn Bognor Regis a Weston Super Mare? O'dd ych mam yn neud yn siŵr bo' chi'n ymwybodol o'r ffaith ych bod chi'n Gymry?*

Oedd, oedd. O'dd 'i thad hi'n Gymro Cymraeg o Sir Fôn, ond buo fo farw pan o'dd hi'n llai na thair oed. Felly o'dd hi ddim yn siarad Cymraeg. Ond bob tro o'ddan ni'n dod ar draws rhyw gi strae yn Rhyl, am ryw reswm anhysbys i 'mrawd a fi, o'dd hi'n mynnu galw'r ci yn 'Ty'd o'na'. Dyna'r unig Gymraeg o'dd ar ôl. O'n ni'm yn dallt pam ar y pryd, ond rhyw ymadroddion fel'na o'dd hi'n 'gofio gan 'i thad siŵr o fod. Ond o'dd 'i brawd hi ychydig yn hŷn, wedi ca'l cefndir Cymraeg ac wedi ail-ddysgu'r iaith ac yn gryf yn sicrhau'n bod ni'n dilyn y Gymraeg yn yr ysgol. Mi allse dege o blant erill o'r stad yna yn Rhyl fod wedi dysgu Cymraeg a dod yn Gymry Cymraeg 'tasen nhw wedi ca'l y cyfle ges i trwy'r gyfundrefn addysg. Dyna pam 'nes i gario 'mlaen gyda'r Gymraeg fel prif bwnc Lefel A ac yn y coleg, er nad llenyddiaeth o'dd 'y mhrif ddiddordeb mewn gwirionedd, ond ei wneud er mwyn dysgu'r iaith yn briodol.

*A beth am ych brawd John, ydi e'n siarad yr iaith?*

Dyw e ddim. Nath o wrthryfela yn erbyn yr ysgol, gadael ysgol yn bymtheg oed. Cymraeg o'dd 'i hoff bwnc, felly mae'n gwybod rhywfaint o Gymraeg a mae wedi sicrhau bod 'i blant o i gyd wedi bod trw addysg Gymraeg, a ma'n nhw i gyd yn Gymry Cymraeg rhugl nawr.

*Felly mynd i Aber oherwydd bo' chi'n gwybod yn iawn mai fan'ny o'dd yr ymgyrchu ar 'i gryfaf?*

Ie, yn y cyfnod yna o'n i wedi ymuno â Chymdeithas yr Iaith oherwydd helynt *Brewer Spinks* yn chwe deg pump, tra o'n i'n dal yn yr ysgol. Ro'dd perchennog o Sais mewn ffatri yn Stiniog yn gwrthod gadael i'r gweithwyr siarad Cymraeg – ac mi 'nes i ymateb trwy ymuno â Chymdeithas yr Iaith, llenwi ffurflen mewn papur newydd. Ond rhywbeth eilbwys i'r frwydr dros ryddid cenedlaethol o'dd hynny. Ro'dd propaganda Plaid Cymru yn etholiadau '64 a '66 wedi effeithio lot arnon ni yn Rhyl, o'ddan ni wir yn methu cysgu'r nos yn meddwl am yr anghyfiawnder o'dd Cymru yn 'ddiodde, bod ni ddim yn ca'l rheoli'n gwlad yn hunen. Ro'n i'n deall bod cangen fywiog iawn o Blaid Cymru yn Aberystwyth, ac ar ôl cyrraedd yno es i allan bob wythnos i ganfasio. Dwn i ddim beth o'dd pobol cefn gwlad Ceredigion yn neud ohonaf i chwaith! Ond hefyd mynd heibio stondin Cymdeithas yr Iaith yn Ffair y Glas a gweld bod 'na brotest tu allan i garchar Abertawe – o'dd Twm [Geraint Jones, Trefor] yn y carchar am wrthod talu treth modur gan fod y ffurflen yn Saesneg, ac mi o'n i'n ymdaflu i mewn i bob rali a phrotest o'dd gyn Cymdeithas yr Iaith ar y pryd. Ond hyd at ddiwedd y chwedege, rhyw ddigwyddiade bob hyn a hyn o'dd protestiade'r Gymdeithas. Ma' rhywun yn meddwl amdano fo fel rhyw gyfnod euraid, ond gweithgarwch ysbeidiol oedd o yn hytrach nag ymgyrchu caled tu ôl i'r llenni o ddydd i ddydd fel sydd nawr.

*O gymryd y troeon fuoch chi yn y carchar i gyd at 'i gilydd,*
*sawl blwyddyn y'ch chi wedi'u treulio yn y carchar Ffred?*

Rhywbeth rhwng tair a phedair blynedd, dwi'n meddwl.

*O'dd bywyd yn y carchar ddim yn effeithio'n ddrwg arnoch chi*
*felly? O'ch chi'm yn gweud 'tho'ch hunan, 'O na, alla'i ddim*
*mynd i garchar eto'?*

Na, na. O'dd lot o bobol yn gofyn i mi yn y carchar, ydi
o'n werth neud hyn? Fel yn fy ngwaith nawr dwi'n gyrru
degau o filoedd o filltiroedd bob blwyddyn a ma' pobol
yn gofyn, 'Chi'n mwynhau gyrru cymint?' Dwi'm yn
meddwl am y peth, dwi'n meddwl 'bod nhw'n
gwestiynau gwirion. O'n i yna yn y carchar, felly y peth
pwysig oedd neud y defnydd gorau o'r amser. O'n i'n ca'l
y cyfle nad o'n i'm yn ei neud i fi'n hunan tu allan i
garchar, i ddarllen llyfrau am frwydrau mewn gwledydd
erill, i gynllunio ymgyrchoedd – mi gynllunies i werth
rhai blynyddoedd o ymgyrchu. Tra o'n i yn y carchar
o'dd 'na bobol erill yno oedd mewn angen dybryd ac o'n
i'n gallu bod rhyw fymryn o gymorth iddyn nhw hefyd.
Falle fwy felly yn y carchariad ola yn niwedd yr
wythdege, pan o'n i ryw bymtheg mlynedd yn hŷn na'r
rhan fwya o'r carcharorion, o'dd llawer ohonyn nhw yn
troi ataf i am gymorth am wahanol bethe wedyn.

*O'dd hi'n hanfodol ych bo' chi'n mynd i garchar? A fydde'r*
*iaith wedi datblygu, a'r deddfe ac ati wedi dod, oni bai'ch bod*
*chi a phobol erill wedi bod yn y carchardai?*

Bydde rhaid i bobol gredu mewn cyd-ddigwyddiade enfawr mewn hanes i gredu fel arall. Yn dilyn yr ymgyrchoedd a'r carchariadau 'ma fe ddaeth y datblygiade. Dyw'r carchariadau ddim yn digwydd nawr, ond ma' hynny'n bennaf oherwydd bod agwedd yr awdurdode at Gymdeithas yr Iaith wedi newid. Yn lle ceisio sathru ar y Gymdeithas gyda rhyw *show trials* a chyhuddiade o annog a chynllwynio, erbyn hyn ma'n nhw'n ceisio peidio rhoi gormod o sylw i'n gweithgarwch ni. Yn ôl y dull di-drais o weithredu, dim ond bo' chi'n neud yr hyn sy'n gywir a bod y gweithredu'n adlewyrchu difrifoldeb yr angen ydan ni'n 'wynebu, a'n bod ni'n derbyn cyfrifoldeb am y gweithredu, problem yr awdurdode wedyn yw'r ymateb – os ydyn nhw'n gadael ni'n rhydd, ry'n ni'n gallu mynd ymlaen i weithredu'n bellach, os y'n ni'n ca'l yn carcharu a derbyn cyfrifoldeb, y gobaith yw bod hynny'n sbardun i erill.

*Hynny yw, ma'r awdurdode wedi dysgu gwers erbyn hyn, ydyn nhw?*

Ydyn glei! Falle mai'r enghraifft ore o'dd yn y flwyddyn dwy fil, 'nes i ddringo mast ffôn symudol fel rhan o ymgyrch dros ddeddf iaith newydd. Pan ddois i lawr i'r gwaelod ar ôl rhai oriau, roedd yr heddlu yn ymddiheurol yn dweud bod rhaid iddyn nhw jest cymryd yr enw. Mil naw saith un, dringo mast teledu, ac o'dd hynny'n werth deuddeg mis o garchar. Yr un oedd y weithred, gwahanol o'dd ymateb yr awdurdode.

*Yn ystod yr ymgyrchu 'ma a'r cyfnode yn y carchar, Meinir wrth gwrs oedd yn dal popeth at 'i gilydd gartre.*

Yn ystod y carchariad o ddwy flynedd 'nes i ddyweddïo, priodi rhwng y ddedfryd o ddwy flynedd a'r ddedfryd o flwyddyn a chael 'y ngharcharu rhyw dair wythnos ar ôl priodi. Nethon ni esbonio wrth rieni Meinir bod rhaid i ni briodi mewn chwech wythnos, oherwydd wythnos wedyn o'dd Meinir o flaen yr Old Bailey ac wythnos ar ôl hynny o'n i o flaen Llys y Goron yn Huddersfield. Felly bydde un ohonon ni yn sicr o fynd lawr, os nad y ddau ohonon ni. Felly gawson nhw chwech wythnos i drefnu priodas, a chwarae teg mi naethon nhw job dda iawn. Ac wedyn o'n i mewn a Meinir yn cychwyn ein gwaith ni tra o'n i yn y carchar am gyfnod o flwyddyn.

*Ie, achos yn ariannol, shwt o'ch chi'n gallu byw?*

Yn y carchar, ar hanner can ceiniog yr wythnos!

*Na, chi fel teulu. Achos wrth gwrs, fe ddaeth saith o blant yntê.*

Do. Dwi'm yn cofio i ni erioed edrych arno fo yn y cyddestun o'ddan ni'n gallu fforddio plant, fforddio hyn a'r llall. Naethon ni sefydlu'n gwaith yn hunen, *Cadwyn*, er mwyn peidio bod yn gaeth i gyflogwyr, a bod yn rhydd o ran ein hamser. Ma' hynny wedi rhannol weithio allan.

*Ydi'r busnes yn mynd yn dda nawr?*

Mae'n cymryd digon o amser beth bynnag, ac os dwi angen trefnu bod yn rhydd mewn protest neu mewn cyfarfod gyda rhyw weinidogion y Cynulliad mi fedra'i drefnu 'ngwaith i fod yn rhydd. Ond ma' cyfanswm orie'r wythnos waith yn ddwywaith gymint, falle, â fydden nhw mewn job gonfensiynol. Mae'r gwaith wedi bod yn eilbwys i'r gwleidydda, felly 'dio erioed wedi derbyn y sylw allse fe fod 'di ga'l.

Bod yn rhydd *Dafydd Iwan yw'r record nesa Ffred. Pam y'ch chi 'di dewis hon?*

Y neges yn gynta – Dr Phil Williams nath ddysgu hyn i fi yn niwedd y chwedege. O'dd o'n ddyn mawr yna ar lwyfan yn is-etholiad Caerffili, ond yn cymysgu gyda ni fyfyrwyr Aberystwyth yn nhafarne'r dre, ac yn cymryd orie i siarad efo ni. A dysgu'r wers fawr i ni, os ydyn ni am i Gymru fod yn rhydd, mae'n rhaid i ni weithredu fel 'sen ni'n rhydd yn barod. A mae Dafydd Iwan yn adleisio'r un neges. Fo yw nid yn unig y canwr pwysica yn ystod y genhedlaeth ddwytha ond fe yw'r bardd pwysica hefyd.

\* \* \*

*Dafydd Iwan a* Bod yn rhydd*. Wel Ffred, ma' 'da ni'n Cynulliad . . .*

O's isie mwy! Na, mae'n rhaid creu sefydliade . . . Mae'n rhaid agor un drws er mwyn gweld y ffordd yn glir at y drws nesaf. Trwy ga'l Cynulliad Cenedlaethol ma' 'na werth yn sicr yn hynny oherwydd bod rhywun yn gweld trwy'r diffyg grymoedd sydd gan y Cynulliad 'na a'r diffyg gallu i ddatrys problemau a sicrhau dyfodol i Gymru. Trwy gyfrwng y Cynulliad 'dan ni'n gweld trwy brofiad yn hytrach na thrwy ymresymu yn unig, bod angen inni gael rheolaeth lawn ar ein dyfodol fel Cymry.

Mae gwerth yn'o fo hefyd am ei fod yn gallu creu teyrngarwch pobol – drychwch ar y Toriaid Cymraeg, er enghraifft, sydd nawr yn deyrngar i'r Cynulliad fel y cyfryw. Mae'n gneud i ni feddwl fel Cymry, mae'n magu ymwybyddiaeth Gymreig.

*Y'ch chi'n 'i weld e fel, un drws yn agor a wedyn fydd y drws nesa yn agor. Ond wrth gwrs dyw mwyafrif y Cymry ddim yn 'i weld e fel'na ydyn nhw? Ma'n nhw'n dal i ddweud, wel dyna fe, ma'r Cynulliad yn ddigon.*

Dwi'm yn siŵr ydi hynny'n wir. Dwi'm yn credu bod 'na ryw lawer o bobol yn meddwl bod hwn yn ateb delfrydol. Mae'n siŵr o fod yn gyfaddawd rhwng y bobol hynny fydd yn ddigon hapus i fod yn Brydeinwyr a ddim am weld unrhyw fath o Senedd i Gymru ar y naill law, a phobol sydd yn gweld angen Senedd rymus i Gymru ar y llaw arall. Felly, rhyw gyfaddawd anffodus. Ond dim ond anffodus i'r graddau ei fod e'n aros fel mae e. Ac mae unrhyw beth sy'n aros fel mae e mewn bywyd yn ca'l 'i ffosileiddio.

Ffordd yw bywyd. O'n i'n arfer meddwl pan o'n i yn y carchar y troeon cynta, os o'n ni'n siarad gyda'n gilydd fel aelodau Cymdeithas yr Iaith yn nechre 1970, y bydde'r chwyldro cenedlaethol yn dod yn 1977 neu 1978, meddwl yn nhermau chwyldro traddodiadol, rhyw fath o *coup.* Ond ma' rhywun yn dod i weld mai ffordd yw bywyd. Mae'n symud ymlaen yn gyson tuag at ryw gyfeiriad arbennig mewn ffordd wahanol, ma'r dull o symud ymlaen yn gwahaniaethu o genhedlaeth i genhedlaeth. Ond yr unig wir fuddugoliaeth mewn bywyd, boed o'n perspectif ni fel Cymry, fel cenedlaetholwr, neu fel

Cristion, yr unig wir fuddugoliaeth yw bod ar y ffordd.

*Cadwyn, eich busnes chi – pa fath o fusnes yw e?*

Y syniad i ddechre oedd hybu crefftau Cymreig ac wedyn fel ail bwrpas crefftau yn y byd sy'n datblygu. Gweithio gyda chriwiau o grefftwyr yng Nghymru a chylchoedd cydweithredol o grefftwyr yng ngwledydd gogledd a gorllewin Affrica. Mae'n bwysig i ni bod hwn yn waith fydd yn rhyw fath o gyfraniad bach ynddo'i hunan at yr achos trw' greu moddion bywoliaeth yma yng Nghymru ac yn y byd datblygol. Felly, marchnata dros y we, yn adwerthol mewn canolfannau siopa ac yn y Steddfod, gyda chyfanwerthwyr, cynhyrchion y cylchoedd 'ma o grefftwyr.

*Ydi'r we yn llwyddiannus?*

Mae'n llwyddiannus iawn gyda'r math o nwyddau sydd gyda ni ar y funud, sef llwyau caru, oherwydd mae angen nwyddau arbennig i'w gwerthu yn llwyddiannus ar y we . . . Rydyn ni erbyn hyn ar ben y rhestr fyd-eang am anrhegion pen-blwydd priodas yn Saesneg yn ogystal ag yn Gymraeg. Y wefan gyntaf fyddan nhw'n gweld fydd ein gwefan ni yma yng Nghymru, ac ma' hynny'n ychwanegu dimensiwn newydd at y gwerthiant.

*Y'ch chi'n dal i fod yn weithgar iawn yn y Gymdeithas – chi yw'r trefnydd addysg. Oni ddylech chi laesu dwylo nawr Ffred, a gadel i'r genhedlaeth newydd wneud y gwaith, gyda'u syniadau ffres falle?*

Falle fod mwy o gyfiawnhad i bobol ddeud hynna rŵan na phryd o'n nhw'n dechre deud hynny yn y saithdege. Ond fy ngwaith i a'm cyfoedion yw hyrwyddo. Mae'n rhaid i bobol ifanc gymryd y rôl arweiniol. Dwi'n gweld dyheadau'r bobol ifanc yn fyw, a sut y gellid gyda'r ymdrech leiaf, petaem ni y canol oed a'r rhai hŷn yn hyrwyddo'r ffordd iddyn nhw, helpu nhw i greu'r math o ddyfodol ma'n nhw eisiau, ond i roi'r arfe iddyn nhw i greu'r dyfodol 'na drostyn nhw'u hunen.

*Wrth gwrs ma' Cymuned wedi ca'l 'i sefydlu a mewn ffordd mae fel petaen nhw'n fwy apelgar. Ydi Cymdeithas yr Iaith wedi colli 'i min rywsut?*

Ma' popeth yn mynd mewn cylchoedd. Ma' rhyw fath o *déjà vu* mewn ffordd. Mi gawson ni'r un profiad wyneb yn wyneb â mudiad Adfer yn y saithdege a ma' isie i ni fod yn ddigon graslon, yn lle trio amddiffyn ein statws a'n rôl 'n hunen fel Cymdeithas, i ddiolch am bob symudiad newydd, a diolch am y gwersi mae'n dysgu i ni. A falle wir, o'dd isie rhyw wers i Gymdeithas yr Iaith roi mwy o bwyslais ar ddyfodol yn cymunede. Falle mai un gwahaniaeth yw bod Cymuned yn tueddu i ddelio yn bennaf â materion yn ymwneud â thai a hefyd gwaith, a ma' hynny'n ofnadwy o bwysig. Ond hyd yn oed petai digon o dai a gwaith ar ga'l, fydde llawer iawn o'n Cymry Cymraeg ifenc yn dewis ymadael â'n cymunedau Cymraeg. A hynny oherwydd 'u hagwedd at y Gymraeg. A dyna bwysigrwydd yr ymgyrch dros Ddeddf Iaith newydd, bod y Gymraeg yn dechrau cael 'i chysylltu eto ym meddyliau pobl ifanc â phopeth sydd yn ifanc ac yn fodern, a felly bydde pobl ifanc 'na yn fwy tebyg o weld 'u dyfodol mewn cymunedau Cymraeg. Dyw e ddim yn fater o frics a mortar yn unig.

*Ry'n ni'n gweld y bobol ifanc yma sydd 'di dod o'r broydd Cymraeg yng Nghaerdydd. Ma'n nhw mor hyderus 'u Cymreictod, ma'n nhw'n mwynhau 'u bywyd yma ac yn rhoi'r argraff mewn gwirionedd 'u bod wedi anghofio'r brwydre a fu ac aberth pobol fel chi.*

Dyw honna ddim yn broblem gen i o gwbl. Dyw hi ddim yn broblem 'bod nhw ddim yn uniaethu â brwydrau'r genhedlaeth flaenorol, beth sy'n bwysicach o lawer yw 'bod nhw'n brwydro brwydrau newydd.

*Ond ma' dyn yn teimlo weithie, fe fyse'n beth braf ca'l byw bywyd heb feddwl am ddyfodol yr iaith, sy'n gallu bod yn gyment o faich. Chi'mbod, ma' 'na bethe pwysicach mewn bywyd na phoeni am ddyfodol y Gymraeg?*

O yn union, petai'n ddim ond yn fater o boeni am ddyfodol iaith, fydde fe ddim yn bwysig o gwbl. Ond ma' dirywiad yr iaith yn arwydd o ddirywiad mwy sylfaenol mewn cymdeithas, sef bod cymunede 'u hunen yn dirywio, bod y gwerthoedd sy'n ein clymu ni ynghyd ac yn rhoi llawer o bwrpas i'n bywyde ni yn dirywio. Dyna pam bod yr iaith yn diflannu, oherwydd bod bywyd cymunedol yn gyffredinol yn diflannu, a dyle adferiad yr iaith fod yn rhan o adferiad mwy cyffredinol o fywyd cymunedol, o bobol ifanc yn ca'l 'u grymuso i ddeall y drefn wleidyddol ac economaidd o'u cwmpas nhw fel 'bod nhw'n gallu creu 'u dyfodol 'u hunen yn hytrach na cha'l 'u trin fel *pawns* gan lywodraethau a chorfforaethau mawr y byd. Sicrhau bod pobol yn ennill grym yn ôl. Dyna yw gwir arwyddocâd brwydr yr iaith. Dim ond amlygiad Cymreig o'r frwydr fyd-eang, brwydr sy'n sylfaenol i'r enaid.

*Chi bob amser yn dadle yn rhesymol, fyddwch chi'n colli'ch tymer weithie?*

Yn gyson, bob dydd. Dwi'n gallu handlo pethe mawr bywyd yn eitha da, falle oherwydd y profiade dwi 'di bod trwyddyn nhw, ond pethe bach bywyd sy'n mynd ar 'y nerfe fi. Pobol adre sy'n gweld hynny fwyaf, a dwi'n talu'r pris am hynny.

*Pa fath o bethe?*

Popeth. Allen i fod 'ma am ddeugain munud 'to yn mynd trwy'r rhestr. Operâu sebon yn mynd ar fy nerfe fi, *sitcoms* – sdim unrhyw *sitcom* doniol yn y byd; y *canned laughter* sydd mewn *sitcoms*, a nid jest hynny ond y ffaith fod fy mhlant i'n hunan yn gwrando arnyn nhw ac yn 'u mwynhau nhw! A wedyn dwi'n gorfod slapio'n hunan a meddwl, na, mae'n rhaid iddyn nhw ffindio hyn i gyd allan drostyn 'u hunan. Dwi'n tueddu i iste yng nghornel yr ystafell fyw yn heclo'r teledu yn soled am ryw chwarter awr nes bod pawb yn gyrru fi o'r stafell. Pethe bach sy'n mynd ar fy nerfe fi!

*Y'ch chi'n optimist? Hynny yw, fydd 'na Gymraeg . . .*

Na dwi'm yn optimist o gwbl. Pan ddois i allan o garchar mi nath Robat Gruffudd yn Y Lolfa roi job i fi am ryw chwech wythnos, cyn ffindio allan 'mod i'n hollol *useless*. Ac un peth yn ystod y chwe wythnos yma nath o ddysgu i fi o'dd bod 'na fyd o wahaniaeth rhwng bod yn optimist a bod yn llawn gobaith. Dysgu bod gobaith yn hanu o gyfiawnder yr achos a photensial yr hyn sy'n bosibl. Ma' bod yn optimist yn hanu o'r dadansoddiad cwbl wrthrychol o beth sy'n debygol o ddigwydd. Nawr, os 'chi'n dilyn yr ail drywydd 'na, mae'r grymoedd i gyd yn ein herbyn ni fel Cymry ac fel Cymry Cymraeg. Ond ma' gobaith yn fyw, a ma' gobaith yn byw mewn profiad hefyd. Oherwydd bod llawer iawn o bobol yng nghanol y chwedege wedi gwir anobeithio a meddwl na fydde'r Gymraeg ddim yn byw, a bydde popeth ar ben arnon ni erbyn troad y ganrif, dyw hynny ddim wedi digwydd. 'Dio ond yn cymryd rhyw ychydig ddigwyddiade fel is-etholiad Caerfyrddin, achos neu garchariad mawr falle, i ennyn y fflam o obaith eto yng nghalonne pobol, a chwilio i wneud hynny'n gyson ddylen ni fod yn neud. Felly dwi'n dal, ac yn fwy nag erioed yn llawn gobaith, ond fydden i byth yn gallu dadlau'n rhesymegol bod fi'n optimistaidd ynglŷn â dyfodol y Gymraeg.

*Ych record ola chi Ffred.*

Ma' 'na reswm arbennig am hon: cyfle i fi neud yr ymddiheuriad 'ma yn gyhoeddus o flaen y genedl. O'n i'n bresennol ar enedigaeth pob un o'r plant heblaw un, sef Gwenno. O'n i'n dal yn y carchar ar y pryd, a ges i'n rhyddhau dair wythnos ar ôl iddi ga'l 'i geni. Felly wrth ddeud 'Sori Gwenno nad o'n i ddim yno pan gest ti dy eni', dyma ofyn am 'i hoff gân hi. Dim ond un deg saith oed ydi hi, a ma' hi'n mwynhau *Joio byw* gan Delwyn

Sion, ac yn enwedig y Chwadods.

# 'Un tro fe ddaeth criw o Grymych i ganu pen-blwydd hapus tu fas i'r theatr yn y West End'

## *Shân Cothi*

**Cantores**

**Darlledwyd**: 4 Ionawr, 2001

**Cerddoriaeth:**
1. *Ar lan y môr*: Bryn Terfel
2. *Gwyn fyddo'r byd*: Cwlwm
3. Def Leppard
4. *Glitter and be gay*: Dawn Upshaw

**Beti George:**

*Croeso cynnes aton ni i Theatr Ei Mawrhydi yn y West End yn Llundain, lle mae yna Gymraes yn serennu ar hyn o bryd. Mae'n gantores heb ei hail, yn wyneb ac yn llais cyfarwydd iawn ar radio a theledu, ond Carlotta yw hi fan hyn – yn Eidales fywiog, danbaid yn y sioe gerdd* Phantom of the Opera. *A dwi'n siŵr fod y miloedd ar filoedd sydd wedi'i gweld eisoes yn meddwl amdani fel Eidales go iawn, yn hytrach na merch ffarm a merch y ffarier o Ffarmers ger Llanbedr Pont Steffan.*

*Diolch Shân am ddod o hyd i ryw orig fach a chithe'n fenyw mor brysur. Faint mae'n gymryd i chi fynd ar y llwyfan nawr, faint o oriau o baratoi?*

**Shân Cothi:**

O ma' digon o amser 'da fi. Dwi'n licio bod yn y theatr falle rhyw marce whech i hanner awr wedi whech.

*Y'n ni fan hyn yn yr ystafell newid wrth gwrs, ych ystafell **chi**.*

Ie, ystafell Shân Cothi, Carlotta Guidicelli! Ac wrth gwrs, dyw hi ddim yn ystafell fawr, ond ma' 'da ni ffenest henffasiwn fan hyn ac wrth gwrs ma' 'da chi'r hewl, a ma'r traffig a'r cwbwl, a 'ni'n clywed y gweithwyr a hefyd ma'n nhw'n gwneud *sound checks*, fyddwn ni'n clywed synau o'r llwyfan 'i hun. Chi'n dod i arfer ag e.

*O'ch cwmpas chi i gyd fan hyn ma'ch gwisgoedd chi, sy'n ddigon o ryfeddod a dweud y gwir, ac ambell un yn pwyso, wel 'wi'm yn gwybod, tunnell!*

Ydi ma'n nhw. Ma'r un gynta 'na, os gydiwch chi'n honna, mae'n pwyso rhyw beder stôn, a ma' 'da chi bais hefyd o dani, a chi'n gwybod ma'r *bustles*, gallen i byth â dychmygu trio gwisgo'n hunan, felly ma' gyda fi fenyw o'r enw Louise, hi yw gwisgwraig Carlotta, ma' hi'n helpu fi fynd mewn 'ddyn nhw! Mae'n rhoi nhw ar y llawr – chi'n gwybod fel pan y'ch chi'n cwcan, neud cacen, chi'n neud twll pan y'ch chi'n rhoi rhyw bethe i mewn. Mae'n gorfod neud 'na, wedyn dwi'n gorfod camu mewn i'r ffrog. Mae 'di bod tipyn bach yn dynnach ar ôl Nadolig ma'n rhaid fi weud. Ond ma'r sta'r yn cadw chi'n ffit, achos ni lan a lawr y sta'r 'na ryw saith gwaith yn ystod y perfformiad, 'na'r unig ffordd i fynd i'r llwyfan, a dod lan a newid. Ma' un neu ddou o'r newidiade cyflym yn digwydd ar y llwyfan neu yn y cwtsh wrth ochor y llwyfan.

*A chi wrthi bob nos?*

Bob nos, a bob prynhawn dydd Mercher a bob prynhawn dydd Sadwrn. Felly dwi yn neud yr wyth sioe bob wythnos, a ma'r Phantom yn neud yr wyth, Christine yn neud chwech achos dyna fel ddechreuodd y patrwm gyda Sarah Brightman, fuodd hi'n gall, wedodd hi 'We-he-i, chwech dwi'n neud a dim rhagor'! A felly mae 'na Christine arall a ma' hi'n gwneud bob nos Lun a nos Iau. Ma' wyth yn drwm. Gallwch chi neud wthnos, iawn, ond ma' rhaid 'chi gofio bod rhaid ca'l y stamina i neud e wthnos ar ôl wthnos ar ôl wthnos, ac wrth gwrs dyw'r gynulleidfa mas 'na ddim yn mynd i weud ar bnawn dydd Mercher, 'O, whare teg ma'i 'di neud dwy yn barod, a mae'n mynd i ddala'n ôl 'bach nawr ar bnawn dydd

Mercher'. Galla i ddim â neud e, achos ma'r lle'n llawn bob tro – dyna sy'n 'rhyfeddu i.

*A dyw e ddim yn ych natur chi beth bynnag i ddal nôl on' na 'di?*

Wel nagyw. Ma'r Morganiaid yn Ffarmers, ma'n nhw'i gyd *full on*. A 'sech chi'n nabod Mamgu fyddech chi'n gwbod! Sgrechen fydde hi, a fydde hi'n falch i weld fi yma heddiw, alla'i ddweud.

*Ond ydi'r theatr 'ma'n llawn bob nos?*

Dyna beth sy'n 'rhyfeddu i. Dwi'm yn gwybod o le ma'r bobol 'ma'n dal i ddod, ar ôl pymtheg mlynedd. Cyn y Nadolig ambell i sioe brynhawn, o'dd ambell i sedd wag yn y *gods*, ond wthnos dwetha nawr ma' pobol yn ciwo yn y gobeth y cewn nhw docyn erbyn chwarter i wyth. Ond 'na fe, ma' gyment o dwristiaid yn dod i Lunden, a hefyd y gefnogaeth o Gymru fach!

*Faint sy'n dod o Geredigion?*

Ew, ma' 'na lwythi, ma' 'na fysys yn dod lan, ma'n nhw'n ffantastig. A ma'r cast a'r bobol sy' wrth y llwyfan yn rhyfeddu, achos ma' pobol yn dod mewn, a ma'n nhw'n dishgwl gweld Shân Cothi chi'n gweld – *'And she knows us very well! Do you understand now?'* Bob tro ma'n nhw'n gweud *'Visitors for Shân Cothi,* falle wedith y bachan *'Yes and half the cast of* Pobol y Cwm *are waiting for you Shân Cothi outside!'* Un tro o'dd 'na griw lan o Grymych, a fe ffindon nhw mas bod 'y mhen-blwydd i yn Hydref, a fe ganon nhw 'Pen-blwydd hapus' tu fas i'r drws fan 'yn. O'dd e'n hyfryd. Na 'wi'n ddiolchgar dros ben, 'na be' sy'n cadw fi 'fynd a gweud y gwir yn amal iawn.

*Ife?*

Ie, yn enwedig os 'chi'n gwybod bod 'na falle fws yn dod ar y dy' Sadwrn, a falle ' bo' chi'n teimlo 'bach yn flinedig a chi'n meddwl, 'Diawch ma'n rhaid fi dynnu stops mas i'r rhain 'to! A chi'n neud 'efyd.

*Pobol sy' ddim yn gwybod amdanoch chi fel Cymraes, alla i ddychmygu 'bod nhw'n meddwl amdanoch chi fel Eidales, fel Carlotta. Do's 'na'm diferyn o waed Eidalaidd ynddoch chi?*

Pwy a ŵyr, sa i'n gwybod, 'wi 'di holi'n amal iawn! Ma' Mam hefyd â gwallt du a'r trwyn Roman, ac o'dd May – mamgu ochr Mam – yn debyg iawn hefyd. Pan ma' Mam yn mynd ar wylie ma'n nhw'n gofyn *'Are you Spanish or Italian?'* Ond na, Cymry y'n ni yn y bôn chi'n gweld! Pan ges i'r cyfweliad cynta ar gyfer y sioe o'n nhw'n galw fi i neud Christine, ond pan welon nhw fi a 'nghlywed i ar y llwyfan, wedon nhw *'You are more of a Carlotta'.* Gofynnon nhw os o'dd diddordeb, o'n i'm yn gwybod pwy yffach o'dd Carlotta ond o'n i'n gwybod bod e'n galed iawn a bod e'n uchel iawn, a fel'na dechreuodd y datblygiad i fynd am y rôl. 'Wi'n cofio gweld y sioe nôl ym Mryste rhyw ddwy flynedd yn ôl, a chlywed y fenyw ddwl 'ma yn canu'r nodau uchel, a meddwl 'yffach, allen i byth â neud 'na bob nos'. A phwy feddylie, rhyw ddwy flynedd ymla'n!

*Eich dewis chi o recordie nawr 'te Shân?*

Dwi'n byw yn Llunden a ma' rhaid i fi ddiolch yn fawr iawn i Mr Terfel bod lle mor hyfryd 'da fi! 'Wi'n byw yn'i fflat e, whare teg iddo fe. A mae'n edrych ar ôl pob canwr a chantores Gymraeg sy'n dod i Lunden. Felly dwi'n mynd i ddewis *Ar lan y môr* oddi ar y cryno ddisg diweddara sydd gyda fe, *We'll keep a welcome.*

*     *     *

*Croten fach gartre nawr yn Ffarmers yn carthu'r boudy ac yn helpu gyda'r gwair, a dyma chi yn seren yn y West End. O'ch chi erio'd wedi breuddwydio y bysech chi'n cyrraedd yma?*

'Wi'm yn gwbod. O'dd pob un yn cael breuddwydion, ond dwi'n cofio pan o'n i'n marchogaeth Nelson dros y mynydde, bydde'n feddwl yn camu i bobman a fydden i'n canu ar y mynydde ac yn gwneud yn *scales!*

*Magwraeth gonfensiynol Gymraeg, capel ac eisteddfod?*

Ie. Capel bach Bethel, Cwm Pedol, a'r Parchedig W.J. Gruffydd, yr Archdderwydd gynt, yn weinidog 'da ni, ac yn rhoi'r cyfle i fi i gychwyn adrodd neu lefaru fel ma'n nhw'n gweud nawr. 'Wi'n cofio mynd lan ar y beic, y *Triumph* bach, lan i'r mans a cha'l gwersi adrodd a wedyn eisteddfota yn wythnosol, yn enwedig amser Pasg a'r hydref, a Mam a Dad weithie yn trio dal dwy eisteddfod mewn diwrnod.

    'Wi'n cofio mynd am flynyddoedd ac ennill dim byd lawer, falle ennill yn y cyfyngedig yn Pumsaint. Ond beth o'n nhw i gyd yn gweud o'dd 'mod i yn rhy aeddfed i'n oedran. Dwi'm yn gwybod beth o'dd hynna'n feddwl! A dwi'n cofio Lyn Richards yn gweud yn steddfod Llansawel, 'Chi'n canu fel dŵr yn dod mas o dap'. O'n i'm yn siŵr iawn fel o'n i fod i gymryd hwnna, a 'wi'n cofio ca'l siom.

*Ond fysen i 'di meddwl mai dweud o'dd e bod e'n llais mor naturiol.*

Wel, o'n i'm digon ciwt ch'wel'. O'dd 'na blant dipyn bach mwy ciwt nag o'n i, ac wedi bod yn cystadlu tipyn bach mwy hefyd, achos o'n i tua wyth yn cychwyn cystadlu, o'n i'n hwyr yn datblygu! Ond pan o'dd y cwpane'n dechre dod pan o'n i rhyw bymtheg, un ar bymtheg, ac o'dd y llais aeddfed yn dal 'i dir, dechreues i ga'l blas go iawn. Mam yn dweud 'Stica ati nawr Shân, un steddfod fach arall. Paid â becso dim os na ti'n ca'l gwobr, sdim ots'. A wedyn o'n i'n mwynhau hefyd cystadlu yn y sioeau bach, yn marchogaeth ac o'n i'n aelod o'r *Pony Club*, ac o'n i'n gneud pethe fel y *cross country* ac yn neidio ac arddangos. O'dd 'i'n mynd yn dra'd moch weithe, ambell i ddadl fach nos Wener beth o'n i'n mynd i neud ar y Sadwrn dros yr haf. O'n i'n mynd i steddfod Llambed neu'n mynd i sioe Cil y Cwm a Rhandirmwyn? Ond o'n i'n treial rhannu, felly o'dd pethe'n gweitho mas yn iawn.

*O'dd 'da'ch chi'r hyder naturiol beth bynnag?*

Na, 'sneb yn credu fi pan dwi'n gweud o'n i'n ferch fach swil. Yn yr ysgol o'dd capteiniaid y tai yn gorfod rhedeg ar yn ôl i a gweud 'Shân, plîs cana i Creuddyn'. O'n i'n pallu neud ch'weld, o'n i'n ofan. Ac o'dd digwydd bod batsh bach o ffrindie 'da fi o'dd ddim yn ymwneud â chystadlu. A wedyn pan arhoses i mla'n i ddosbarth chwech, o'n i'n neud Cymraeg a Cherdd a Saesneg, a wedyn o'dd 'na griw o ffrindie gwahanol ac o'n ni'n ymwneud â'r un pethe. Ac o'dd hwnna wedi helpu fi i ddatblygu wedyn, a dechreuon ni ga'l hwyl wrth 'i neud e.

*Ma' rhywun wedi'ch disgrifio chi fel ych bod chi'n debyg i'ch gwallt, sef yn fywiog ac yn sionc! Dwi'm wedi'ch gweld chi erioed os nad oes 'na wên fawr ar ych wyneb chi. Y'ch chi bob amser fel hyn, neu o's 'na gyfnode pan 'chi'n meddwl, 'O dwi'm isie gweld neb, dwi'n teimlo mor llipa'?*

Wrth gwrs bod 'na gyfnode fel'na. O'dd May, mynd nôl at Mamgu eto chi'n gweld, a Mam, dyna beth dwi 'di gofio erioed, yw gwên fawr, yn enwedig os oedd rhywun yn dod i'r tŷ. O'dd May â chwerthiniad iach, a dyna beth dwi 'di arfer ag e. Wrth gwrs bod 'na gyfnode, gyda'r lle 'ma'n dala rhyw ddeuddeg cant, pan y'ch chi'n eitha balch i fynd nôl i'r fflat a chau'r drws a gweud, 'Whw-w, ie, 'na fe te, alla'i stopio gwenu nawr'. A mae e yn tynnu'r stwffin mas ohonoch chi, wrth gwrs bod e. A ma' raid i chi ga'l y cyfnod 'na o orffwys. Ma pobun fan hyn sy'n dod i'r theatr, ma'n nhw â gwên yn dod trw'r drws. A 'sneb isie gweld rhywun ag wyneb hir. Beth y'ch chi'n neud 'ma os 'chi ag wyneb hir? Cerwch gartre!

*Ydi'r rheiny sy'n agos atoch chi yn gweld Shân arall. Y'ch chi'n colli natur weithie?*

Na, dwi'n eitha da. I weud y gwir ma' gyda fi ffrindie da yma yn y cast. Ma'r Cymry yn rhyfedd iawn yn tynnu at 'i gilydd. Ambell i nos chi'n dweud, 'O yffach dyw'r llais ddim yn iawn heno, dwi'm yn gweitho'. A ma'r lleill y gweud 'Dal ati, 'na'r nodyn fel hyn, cana lai fan hyn nawr heno a alli di safio 'bach fan'na'. Ma' hynna'n helpu ni drwodd wedyn. Achos mae'n anodd i fod cant y cant ymhob perfformiad. Na, mae'n bwysig ca'l ffrindie da.

*O'ch chi'n dod mewn yn newydd i'r cast yma'n awr. O'dd hi'n anodd i ga'l ych derbyn, neu o'dd y peth yn gweithio o'r cychwyn cynta?*

Na o'dd e'n iawn. Dwi'n cofio'r diwrnod cynta – o'n nhw'n galw ni ac o'n ni'n ca'l bore coffi, o'dd dwsin o'n ni'n newydd, felly o'dd pob un yn yr un cart. O'dd pawb yn nerfus 'wi'n credu yn yr alwad gynta o ran y canu, achos chi'n meddwl wel jawch ma'n nhw'n gwrando nawr, os na fyddech chi'n tynnu'ch pwyse, fyddech chi mas. Yn anffodus o'dd pawb ar dreial o dri mis. Y groten o'dd wedi ca'l 'i thynnu mewn i neud Madame Giry, fe gath hi fynd o fewn y tri mis, ar ôl i Mr Harold Prince, sef 'duw', y cyfarwyddwr gwreiddiol, dda'th e draw i gymryd sesiwn a gweld y sioe, mae e'n neud hynny rhyw unwaith neu ddwywaith y flwyddyn, ac yn blwmp ac yn blaen o'dd e'm yn lico hi. A gath hi fynd. Ac o'dd hynny'n atgoffa chi, dyna'r math o fyd yw e.

*Dyw e ddim mor glamorous â be' ma' pobol yn 'feddwl.*

Wel, nag yw. Wrth gwrs y'n ni ar y llwyfan ac y'n ni'n disgleirio, a ma'r gwisgoedd yn ffansi a ma' 'na wên fawr ar wyneb pawb. Y'n ni'n neud hyn yn ddyddiol, ond y'n ni'n mwynhau. Ro'dd rhywun yn gofyn i Mam, 'Odi Shân yn blino neud yr un hen beth bob dydd?' Yr ateb fydden i'n 'weud yw, 'Y'ch chi'n blino neud yr un swydd bob dydd 'te?' Os y'ch chi'n mwynhau rhywbeth, yn caru beth y'ch chi'n neud, y'ch chi'n ffeindio ffordd o amrywio fe, a mae e'n bleser.

*Ma' raid i ni ga'l clywed Cwlwm, eich grŵp chi, dwi'n meddwl on'd oes e?*

Wrth gwrs. Beth wnelen i heb yr hen ferched! Ma'n nhw i gyd wedi bod lan yn cefnogi ac wedi aros yn y fflat, ac wedi ca'l parti bach – os yw Bryn Terfel yn gwrando! Ma'n nhw'n ffrindie bendigedig, allen i byth â dymuno gwell, a ma'n nhw'i gyd yn falch drosta'i, a ma'n nhw wrth gwrs yn gneud yn arbennig yn 'u gyrfaoedd 'u hunen. Ma' Elin [Elin Jones AC] wedi sgrifennu geirie sawl cân wych, a 'wi'n cofio canu hon, trefniant o'r Clarinet Concerto gan Mozart – *Gwyn fyddo'r byd*.

*   *   *

*Cwlwm. Ma'n nhw'n canu'n dda Shân! .*

Ni yn asio'n dda cofiwch! 'Na beth o'dd pawb yn gweud. A dwi'n credu o'n ni'n nabod yn gilydd mor dda'n yr ysgol a wedi cychwyn canu gyda'n gilydd yn ifanc, nes 'bod ni'n gwbod pryd o'dd pawb yn anadlu, o'dd e fel un, teimlad hyfryd cofiwch.

*Fuoch chi'n ysgol Ffarmers ondife, wedyn ysgol Llambed a*
*wedyn Aberystwyth i'r coleg. Aethoch chi ddim mla'n i goleg*
*cerdd na dim byd.*

O'n i'm yn credu 'mod i'n ddigon da. Fe nes i 'ngradd,
'nes i'r ugen munud o ddatganiad yn lleisiol, achos y llais
o'dd yn offeryn cynta i, a wedyn y piano. A chyn diwedd
y flwyddyn o'n i'n neud ymarfer dysgu, achos dyna beth
o'dd pawb yn neud. Cyn gorffen y flwyddyn o'dd 'na
alwad wedi dod o'r Adran Addysg, 'Pwy sy' 'da chi'n
dod mas nawr sy' 'di neud cerddoriaeth trwy gyfrwng y
Gymraeg?' Do'dd dim llawer ohonon ni, felly o'dd yr
ysgolion yn chwilio am athrawon ifanc a'r ysgol gynta
dda'th i glawr o'dd Llanfair Caereinion. Gallen i byth fod
wedi dymuno gwell. O'dd e yng nghanol nunlle, ond fe
gyrhaeddes i ffarm Mathrafal, a phwy o'dd yn byw yno
ond teulu Ieuan Jones y telynor. Ges i dair blynedd
hyfryd yn Llanfair Caereinion, ymuno ag Aelwyd
Penllys. Wedyn dechreues i flino ar y trafaelu, o'n i'n ca'l
y cyngherdde gyda Cwlwm a phopeth yn tueddu i fod yn
y de. Dwi'n cofio'n amal iawn codi am hanner awr 'di
pump bore Llun, o gatre, a gyrru nôl a dysgu a gorfod
mynd nôl wedyn nos Wener os o'dd 'na ryw gyngerdd.
O'n i'n gweithio'n galed iawn a dim yn ca'l amser i
fwynhau. Felly da'th y cyfle wedyn i fynd i Ystalyfera, a
fues i fan'ny am dair blynedd.

*Ych trydedd record chi?*

Dwi'n licio pob math o gerddoriaeth a withe ma' angen
rhyddhau tipyn bach o densiwn . . . felly, unrhyw beth

gan Def Leppard.

*     *     *

*Gadel dysgu wedyn, gadel Ystalyfera, a wedyn ennill y Rhuban Glas. Hwnnw o'dd y trobwynt ife Shân?*

Dwi'n credu 'ny, gadewes i'r dysgu yn y Pasg, a felly o'n i 'di ca'l mwy o amser nag arfer i orffwys a pharatoi'n iawn at y Steddfod. O'n i jest yn teimlo'n grêt am y peth, teimlo bod y llais wedi gwella yn yr amser byr hynny. Ac o'n i'n meddwl, os fydda i'n cario mla'n fel hyn ma' 'na obeth. Wedyn o'n i 'di dechre cyflwyno rhaglenni, a 'di ca'l siawns i ddechre pethe bach ar y radio. O'n i'n mwynhau dablan fan hyn a dablan fan draw!

*Dyna'r pwynt ondife Shân. Odi hi'n gwybod be' ma'i eisiau neud yn y diwedd?*

Na! Dwi'n credu chi'n ofan rhoi'ch pen ar y bloc a dweud, reit dyma beth dwi isie bod. Achos falle bod chi'n ofan 'bo' chi'n mynd i ffaelu.

*A ydi hynna'n wendid yndon ni y Cymry?*

Odi mae'n wendid mawr.

*Petaech chi 'di ca'l ych geni dwedwch yn Yr Eidal, gan bod ni'n sôn amdanoch chi'n debyg i Eidales ondife, fyddech chi'n gwbwl* **wahanol mae'n debyg.** *A fyddech chi 'di mynd i'r byd canu yn syth, ondife?*

Mae e'n neud gwahanieth os y'ch chi'n ca'l yr anogaeth 'na'n gynnar fi'n credu. Dwi'n gwybod bo' fi 'di colli naw mlynedd, achos o'n i'n naw ar hugen yn gadel dysgu. Falle fod hwnna'n drobwynt arall, gweld y deg ar hugain yn dod a meddwl, wel diawch os na 'naf i e nawr, mae wedi bennu arna'i. Ond ar ôl gweud hynny, fi'm yn siŵr a fydden i 'di bod yn barod, achos o'n i'n ferch fach swil, un clatsien fach a falle fydden i 'di gweud 'Na, sori, dwi'm isie'r byd 'ma'. Dwi'n teimlo'n awr 'mod i'n fwy aeddfed i ymdrin â'r bywyd proffesiynol. Ma'ch croen chi tamed bach mwy caled. Dim llawer cofiwch. Achos y'n ni yn bobol sensitif iawn. Sdim isie llawer i ypsetio dyn. Achos ni yn neud yn gore.

*Beth am yr adolygiade sy' 'di bod?*

Da, dwi'n credu, dwi 'di ca'l yn synnu. Ma 'na bobol sy' wedi dod i weld *Phantom* droeon, ac wrth gwrs ma'n nhw'n cymharu, a ma'r gymharieth yn ffafriol iawn. Dwi'n credu bo' fi 'di ennill parch yma, achos ma'r cwmni yn hyfryd i mi. Os y'ch chi'n tynnu'ch pwyse ma'n n'w'n gweld bo' 'da nhw rywun sy'n gneud 'i gore, achos ma' 'na gymeriade yn y byd yma sy' ddim yn tynnu'u pwyse. Chi'n 'gweld nhw, falle ma'n nhw'n sâl yn amal, a chi'n gwbod yn iawn bo' nhw ddim. Dwi rioed 'di bod yn berson fel'na, ma'n rhaid i fi roi'r cwbwl yn y perfformiad. Dwi'n gredwr mawr, falle mai dyma'r tro dwetha fydda i'n canu, a fi'm isie mynd mas ar un gwael!

*O'ch chi'n gymharol ddiweddar yn dechre o ddifri, a ma' llais soprano yn datblygu yn araf mewn gwirionedd on'd yw e? Ble mae e ar hyn o bryd Shân?*

Ma 'da fi ddiolch i'n athrawon cynnar i, Ken Reynolds a nawr Ian Barr, achos beth nath Ken o'dd peidio rhoi pethe o'dd yn rhy anodd i fi, rhoi'r arias 'ma. 'Wi'n cofio mynd i eisteddfode a chlywed cantorion ifanc yn 'u hugeinie yn canu arias gan Verdi. Wrth gwrs o'n nhw'n creu argraff ar y pryd, ond erbyn o'n nhw'n ddeg ar hugen o'n nhw 'di llosgi mas, dim byd ar ôl. O'dd Ken ar y llaw arall yn rhoi *repertoire* ysgafn i mi. Do'dd e byth yn pwsio fi, chwarae teg iddo fe. A wedyn Ian Barr, ma' fe 'di datblygu cwmpawd y llais. Pan weles i'r node o'dd Carlotta yn gorffod canu ar y cychwyn o'n i'n meddwl, o nefi blŵ 'na'i byth mo'r rhain! Ma' dwsin o top C's, ma' rhyw ddwrned o D's a ma' 'na un top E dwi'n gorffod neud yn fyw bob perfformiad.

Whare teg i Bryn Terfel, da'th e i weld y sioe, a wedodd e, 'Shwd y'ch chi'n neud hyn wyth gwaith yr wythnos?' O'dd e'n parchu'r cantorion, chware teg. Wrth gwrs 'ni'n sôn am gerddoriaeth Andrew Lloyd Webber, ma' rhai pobol yn 'i hoffi e, a rhai pobol yn 'i gasáu fe. Popeth yn iawn.

*Ond odi e'n dreth ar y llais Shân?*

Dwi'n credu bod e wedi adeiladu stamina, a dwi 'di dysgu cyment. Wrth gwrs ma' 'na gyfnode lle 'chi wedi blino, 'chi ddim ar ych gore, a ma' raid i chi neud y penderfyniad, 'Ydw i'n mynd i ganu heno?' Ma'n rhaid bod yn ofalus. Dwi'n credu bo' fi wedi elwa a bod y llais wedi cryfhau a datblygu. Ma' 'na lot o ddatblygu i ddod eto gobitho, ond 'wi'm isie neud y rôl 'ma yn rhy hir.

*Ma'n nhw 'di ymestyn ych cytundeb gwreiddiol chi. Ma'*

*hynny'n bluen yn ych cap.*

Wel o'dd e'n hyfryd achos o'dd 'na rai pobol o'dd ddim yn ca'l 'u galw'n ôl.

*Dwi ddim isie hala ofon arnoch chi, ond o'n i'n darllen rhywle'n ddiweddar bod cyfnod y miwsicals yn araf ddod i ben.*

Dwi 'di bod yn ffodus, achos dwi'n gweld be' sy'n digwydd yn y West End yma. Busnes yw e, os nag y'n nhw'n llanw'r theatr, ma' 'na sawl sioe gerdd yn dod i ben. *Whistle Down the Wind* yn gorffen ym mis Ionawr, *Witches of Eastwick* yn symud oherwydd dy'n nhw ddim yn llanw'r lle. Dyna yw hi – *bums on seats*. A dyna sut ma'r *Phantom* yn gneud mor dda, ar 'i bymthegfed mlynedd. Gyda'r sioeau newydd, does 'na ddim clasur wedi bod yn ddiweddar. Ma' pobol angen clywed alawon. O leiaf gewch chi alaw fan hyn, a ma' pobol yn teimlo'n saff, ma'n nhw'n gwbod beth ma'n n'w'n 'ga'l wrth ddod i weld *Phantom*. A ma' 'na ffans ofnadw, ambell un go od a gweud y gwir. Ma' 'na un ferch, mae'n gwario'i harian i gyd ar ddod i weld *Phantom*, bob siawns geith hi mae'n dod i ishte yn y bla'n mewn crys-T *Phantom of the Opera*! O's, ma' 'na bobol fel'na 'i ga'l, a diolch amdanyn nhw.

*Nôl yng Nghaerdydd ma'n nhw'n sôn am Ganolfan y Mileniwm, lle bydd 'na sioeau cerdd, a phobol yn dweud bo' raid ni ga'l rhywbeth gwreiddiol yn Gymraeg bellach yn hytrach na'n bod ni'n cyfieithu pethe o'r Saesneg.*

Bydden i'n dwlu byse rhywun yn cymryd y siawns i

sgrifennu sioe gerdd neu opera hyd yn o'd, achos ma' gyment o gantorion nawr sy'n medru'r Gymraeg ac sy'n weddol ifanc. Dwi'n credu y bydde fe'n rhywbeth i'w gofio ar ddechre'r mileniwm. Bydde fe'n gyfle gwych, ma' isie i ni neud.

*Y'ch chi'n gwybod 'y mod i ar hyd yr amser wedi dyheu eich gweld chi ar lwyfan opera go iawn! O's 'na obeth imi weld hynny'n digwydd?*

Bydde fe'n hyfryd meddwl. 'Wi'n agosáu yn ara bach. Bydden i'n dwlu gneud.

*Chi'n gweld isie Ffarmers o gwbwl?*

Odw 'wi'n gweld isie Ffarmers, yr awyr iach. Sdim awyr iach yn perthyn i Lunden, alla'i ddwued 'tho chi nawr. A'r bobol. Ond wrth gwrs, ar ôl gweud hynny, beth sy' i fi yn Ffarmers nawr yn 'y ngyrfa i ar hyn o bryd ondife. Pwy sy'n gwybod beth sy'n mynd i ddigwydd yn y blynyddoedd i ddod. Ond gallen i ddim â dymuno gwell magwreth nag yn Ffarmers.

*Gadewch i mi ddyfynnu rhywbeth fan hyn:* 'With her funky look and her mop of curls, it's easy to see how Shân could lead the way forward as a role model for Welsh women and for young Welsh people'. *Nawr 'te Shân, 'na chi gyfrifoldeb!*

Whaw! Pwy sgwennodd hwnna 'te?

*Sdim ots pwy sgrifennodd e. Mae'n ddweud mawr on'd ydi?*

*Mae'n gyfrifoldeb Shân!*

Bois bach. Wel dwi yn teimlo balchder 'mod i 'ma, 'n enwedig gyda'r Cymry. Dwi'n siarad Cymraeg yn aml 'ma, a dwi'n treio addysgu pobol achos ma'n nhw'n gofyn *'What you're talking about, are you talking about us?'* A dwi'n dweud *'Don't be silly!'* Dwi'n trial gweud 'tho nhw, a dy'n nhw ddim yn styried mai dyna 'y mamiaith. Y mwya ma' pobol yn 'wbod, a ma'n nhw'n gweld y gefnogaeth 'wi'n 'i cha'l o Gymru fach, ma'n nhw yn rhyfeddu, a ma'n nhw'n gweud bod rhywbeth arbennig gyda ni yng Nghymru a dylen ni ddal yn sownd ato fe.

*A'r record ola?*

Dawn Upshaw achos dwi'n dwlu ar 'i llais hi, mae'n gantores hyblyg iawn a dwi'n mynd i ddewis cân sy'n gweud y cwbwl, a gobeithio y galla'i ryw ddydd ga'l y cyfle i neud y rôl hon. *Glitter and be gay.*

# 'Roedd golygfa wych dros y cymylau lawr tuag India a nôl i Tibet'

## *Caradoc Jones*

### Dringwr Everest

**Darlledwyd:** 25 Mehefin, 1995

### Cerddoriaeth:
1. *If love is a red dress*: Maria McKee
2. Bundu Boys
3. *Cachapaya*: Incantation
4. *Calan Gaeaf*: Edward H. Dafis
5. *Havana Moon*: Chuck Berry

**Beti George:**

*Ma'r cwmni heddi yn un o'r criw bach, ychydig gannoedd o'r dethol rai, sydd wedi gweld y byd o'r man ucha posib. Dim ond y rheiny sy' ddim â'u tra'd ar y ddaear sy' wedi dringo'n uwch. Fis Mai dwetha fe gyrhaeddodd e gopa Everest, y Cymro cynta i wneud hynny. 'Wi'n tybio bod 'i lygad e ar y copa hwnnw pan o'dd e'n grwt bach yn crwydro'r rhostir o gwmpas Pontrhydfendigaid. Fe ddringodd yn yr Alpau pan o'dd e'n Ysgol Tregaron; i Goleg y Brifysgol ym Mangor yr a'th e i neud 'i radd a hynny er mwyn bod yn Eryri. Dim ond unwaith medde fe, y mae e wedi ca'l y profiad o feddwl bod y diwedd wedi dod.*

*Ry'ch chi 'di bod yn dringo y bore 'ma dwi'n deall, ond heb ddefnyddio'ch tra'd y tro hwn?*

**Caradoc Jones:**

Na, o'dd e'n hawdd iawn. Aethon ni lan mewn basged o dan falŵn aer poeth hyd at bum mil troedfedd uwchben yr Wyddfa. O'dd 'i'n hyfryd dros ben gweld yr ardal ble o'n i 'di bod yn dringo ers bod yn grwt ifanc, gweld y cwbwl ar unwaith.

O'dd e'r tro cynta rioed i fi neud hyn. O'n i'n neud e ar gyfer ffilm i S4C. O'dd yn ffrind Eric Jones yn y balŵn, a wedyn o'dd e'n neidio allan gyda pharasiwt. O'dd e'n rhagorol i 'weld e, ffordd o'dd e'n galler hedfan lawr i'r ddaear.

*Ond beth yw'ch gwaith chi Caradoc, nid dringo mynyddoedd on' nag e?*

Na, na. Ma 'ngwaith i i gyd i neud gyda rheoli pysgota ar

gyfer llywodraethau mewn gwahanol lefydd yn y byd. Gweitho fel porthfeistr ambell waith, neu ar fwrdd llong, neud ymchwil i gyflwr y pysgod a phethe fel'ny.

*O'n i'n sôn amdanoch chi'n mynd i Goleg y Brifysgol Bangor, ma' 'da chi radd mewn* Oceanography *a* Bywydeg y Môr, *a wedyn gradd* MSc *mewn* Biological Computilation, *beth bynnag yw hwnnw!*

Oes, oes. Y dyddie 'ma 'chi'n defnyddio cyfrifiaduron cymint yn ych gwaith, o'dd yn rhaid dysgu rhagor amdanyn nhw ar gyfer y math o waith y'n ni'n neud.

*Gweithio y'ch chi er mwyn ca'l arian i ddringo, siŵr o fod ife?*

Ma'r gwaith yn bwysig iawn i fi, ond dwi'n *self-employed* a ma' hwnna'n rhoi'r rhyddid i aller cymryd amser i ffwrdd ar gyfer mynd ar *expeditions* yn enwedig, achos ma'n nhw'n cymryd llawer o amser – misoedd fel rheol.

*A llawer o arian?*

Odyn, odyn. Ma' raid i chi ennill digon i aller mynd ar rhain.

*Faint ma'n nhw yn gostio felly?*

Pan y'ch chi'n mynd fel grŵp o ffrindie a threfnu'r *expedition* rhwng ych gilydd, rhwbeth rhwng wyth cant i bymtheg cant o bunnoedd fel rheol.

*Y'ch chi'n gwario'ch arian i gyd ar ddringo?*

Y rhan fwya siŵr o fod! Ambell waith fi'n safio lan a meddwl, gallwn i ga'l car nawr, ond ma' wastad rhyw fynydd arall rywle sy'n fwy pwysig!

*Beth am gerddoriaeth? Y'ch chi'n un o'r rheiny sy'n cario* walkman *a'r cyrn am ych clustie pan fyddwch chi'n dringo?*

Na, na. Fi'n hoffi cerddoriaeth yn fawr iawn, ond fi o'dd yr unig berson gath 'i daflu allan o'r côr yn yr ysgol yn lle ca'l 'i orfodi i ymuno!

*Beth yw'ch record gynta chi'n mynd i fod Caradoc?*

*If love is a red dress,* trac o *Pulp Fiction,* gwelon ni'r ffilm 'ma cyn mynd i Everest . . . Hwn'na o'dd y *theme tune* adeg yr *expedition* ac o'n ni'n gwrando arno fe trw'r amser.

\* \* \*

*O'ch chi ddim yn gwrando ar gerddoriaeth pan o'ch chi wrthi'n dringo Everest?*

Na, na, dim ond wrth baratoi neu wrth orffwys yn y babell.

*Achos ma'n rhaid ichi ganolbwyntio on'd o's, allwch chi'm gwrando ar ddim byd, 'sen i'n meddwl, wrth ddringo?*

Wel, mae'n dibynnu shwd ddringo. Os yw e ddim ond fel mynd lan ochor mynydd, alle fe fod yn galed iawn ond dim eisie gormod o dechneg, allech chi wrando ar rywbeth amser 'ny. Ond mae'n ddigon rhwydd i neud camgymeriad, felly fi byth yn gwrando pan fi yn dringo.

*Pan o'ch chi'n fabi yn dysgu cerdded, o'ch chi'n dringo i ben pethe, mas o'ch cot, i ben cadeirie a phethe fel'ny?*

Na, fi'm yn credu. Mor belled â fi'n galler cofio, pan o'n i'n fach o'n i'n eitha ofnus o bethe fel'ny! 'Wi'n credu ro'dd y merched yn llawer gwell dringwyr na fi, pan o'n ni'n dringo coed a phethe fel'ny.

*Ond o'ch chi yn hoff o grwydro o gwmpas Pontrhydfendigaid?*

Oeddwn. Gethon ni'n dwyn lan mas yn y wlad, a ffor 'ny o'n i wastad yn cerdded mas i ganol y mynyddoedd ar bwys ers pan o'n i'n galler cerdded, bron. O'n i'n gyfarwydd ag e.

*Ond o's dim llawer o fynyddoedd o gwmpas Pontrhydfendigaid a gweud y gwir?*

Dy'n nhw ddim mor uchel â 'ny a ddim mor serth, ond mas ar y mynyddoedd rhwng, gwedwch, Bont a Rhaeadr, ma' fe wedi ca'l 'i alw'n 'anialwch gwyrdd' a gallwch chi gerdded am ddyddie heb gwrdd ag unrhyw hewl na phobol, a 'wi'n credu bod e'n brentisiaeth dda iawn i fod yn hapus mas yn y wlad wyllt.

*Pryd ddechreuoch chi ddringo mynyddoedd go iawn, dwedwch, lan yn Eryri?*

O'n i tua deuddeg neu dair ar ddeg o'd pan ddechreuais i

ddringo creigie, defnyddio rhaffe, offer a phethe fel hyn yn ffurfiol.

*O'ch chi'n mynd lan i Eryri i neud hynny?*

Oeddwn, o'n i'n trafaelu lan i Eryri'n aml ar ôl i fi ddysgu'r grefft.

*Ar ben ych hunan wedyn o'ch chi'n mynd o Bontrhydfendigaid?*

Ie, o'n i'n cwrdd â ffrindie lan yn Eryri neu lefydd erill ble o'n i'n mynd i ddringo, o'n i'n ffawdheglu i'r llefydd 'ma.

*Ac fe ddringoch chi yn yr Alpau ondofe, tra o'ch chi'n Ysgol Tregaron?*

Do, do. Mor gynted ag y pasies i'r prawf gyrru yng nghanol yr wythnos, ar y dydd Sadwrn wedi 'ny gyrron ni allan i Ffrainc ar gyfer dringo yn yr Alpau dros yr haf!

*Ddysgoch chi ddringo ar iâ – ma'r peth yn dychryn rhywun. Beth yw'r apêl, Caradoc, o ddringo ar iâ?*

Ma' hwnna'n fwy anodd 'i egluro a gweud y gwir, achos chi'n rhewi yn sownd hanner yr amser.

*Chi'n gwisgo menyg a phethe fel'na?*

Chi'n gwisgo menyg, ond ambell waith chi'n gorffod tynnu nhw i ffwrdd mewn llefydd lletchwith ble chi'n defnyddio offer a phethe. Ma'n rhaid bod yn ofalus bo' chi ddim yn ca'l *frostbite*, ond ma' fe'n fwynhad, y symudiad yn y dringo. Ma' rhyw apêl esthetig yn y symudiad, ond wedyn wrth gwrs, os 'chi'n llwyddo a galler dod i gopa mynydd neu i gopa rhyw glogwyn, ma' hwnna'n bleser mawr iawn hefyd.

*Ma' gofyn am sgìl cwbwl wahanol i ddringo iâ, siŵr o fod, o'i gymharu â dringo creigie?*

Odi, ma' fe'n galler bod yn llawer mwy peryglus, achos ma' fe'n llawer mwy anodd i ddiogelu pethe a ma' fe'n cymryd mwy o amser i ddysgu crefft dringo iâ yn saff.

*Ma' offer wrth gwrs a dillad a phethe fel'na i gyd wedi gwella dros y blynyddoedd?*

Odi, ma' hwnna'n bwysig iawn, achos nawr ma' llai o bwysau i'w gario ar ych cefen a chi'n galler para'n hirach wedyn yn y mynydde – y dyddie 'ma allech chi fynd â'r cwbwl gyda chi a phara am ddeg diwrnod neu bythefnos hyd yn o'd ambell waith heb orfod defnyddio camps na dim byd fel'ny.

*Y Bundu Boys y'n ni'n mynd i glywed nesa. Pwy yw'r rhain?*

Grŵp o Zimbabwe, sy'n dod ag atgofion hoff o'r adeg pan o'n i yn Affrica. Hales i ddau fis yn dringo yno, wedyn chwe mis yn trafaelu. Ar ôl inni neud ffordd newydd lan Kilimanjaro, o'n i'n mynd i neud ymgais unigol ar Mount Kenya, ac fe gwrddes â llond bws o bobol a ges i wahoddiad i fynd i aros gyda'r teulu 'ma.

O'r llwyth Masai oedden nhw, a dethon ni'n ffrindiau mowr , ges i aros gyda nhw am bythefnos, helpu mas ar y ffarm tamed bach. O'n nhw'n synnu bod rhywun fel fi yn galler neud tipyn bach o waith! Ges i ddim ond caredigrwydd gyda phawb yn Affrica pan o'n i 'na.

*    *    *

*Felly wrth ddringo, Caradoc, nid yn unig y'ch chi'n gweld y byd o gopa mynydd, ond y'ch chi hefyd yn hoff o ddod i nabod y bobol yn y gwledydd yma?*

Odw, fi'n credu bod hynny'n bwysig iawn, ma' fe'n rhoi cyfle i chi i allu trafaelu'r byd a chwrdd â phobol o bob math o lefydd. Fi'n credu bod Cymry'n gyffredinol yn neud trafaelwyr da iawn, achos ma'n nhw'n cymryd mwy o ddiddordeb mewn gwahanol ddulliau o fyw a gwahanol ffyrdd o ddiwylliant a chymdeithas.

*Ydi e wedi'ch newid chi fel person wrth drafaelu fel hyn a chwrdd â gwahanol bobol?*

Yn fawr iawn, 'wi'n credu. Chi'n ystyried faint mor ffodus y'n ni ym Mhrydain, y math o fywyd y'n ni'n galler byw. Ma'r pethe y'n ni'n 'cymryd yn ganiataol yn bethe gwerthfawr iawn, iawn pan y'ch chi'n gweld y tlodi ma' rhai pobol yn gorfod byw ynddo fe.

*Fe fyddwch chi'n dringo ar ych pen ych hun yn aml. Ma'r syniad yn yn arswydo i ontefe. Beth petaech chi'n cwympo, torri'ch coes a chithe ar ych pen ych hun. Be' sy'n digwydd wedyn?*

Fel rheol y'ch chi'n paratoi'n fanwl iawn cyn dringo rhywbeth ar ben eich hunan, ac yn neud yn siŵr 'bod chi ddim yn dibynnu ar neb arall. Dim ond pan y'ch chi'n bartneriaeth ry'ch chi'n neud y pethe mwya anodd. Chi'n gorffod bod yn siŵr bo' chi'n galler neud y cwbwl ar eich pen eich hun cyn dechre ar y math yma o ddringo. Os y'ch chi yn ca'l damwain, fel rheol, 'na fe wedyn, ma' raid i chi lusgo'ch hunan mas o'r lle, fel ma' pobol wedi 'neud yn y gorffennol, neu bysech chi'n marw. Ma' raid ichi dderbyn 'ny, fi'n credu. Mae un llyfr enwog iawn yn Saesneg o'r enw *Touching the Void*, am foi y digwyddodd hyn iddo fe yn Ne America, a gorffod llusgo'i hunan lawr glasier am dri diwrnod er mwyn galler dod o hyd i bobol.

*Do's 'na'm ofon arnoch chi weithie 'te?*

O's ambell waith, 'wi'n credu bod e'n beth da i fod yn ofnus. Ma' hwn'na yn neud yn siŵr bo' chi yn dychwelyd. Chi'n troi'n ôl yn gynnar, falle. Chi'n methu ar y mynydd, ond os nag yw pethe'n mynd yn dda ma' raid i chi neud hyn rhag ofan i chi ga'l damwain neu redeg allan o fwyd neu bod y tywydd yn troi. Ma' 'na wastad beryg oddi wrth bethe fel hyn.

*O'n i'n sôn yn y cyflwyniad ych bod chi unwaith wedi meddwl bod y diwedd wedi dod. Ble o'dd hynny Caradoc?*

Ar ynys gyferbyn â'r Antarctig, o'r enw *South Georgia*. O'n i'n dringo gydag Almaenwyr lawr fan'na a da'th storom ffyrnig, ac fe golles i fy mhabell. O'n i ar ben fy hun ar yr amser hyn, o'n nhw'n dod lan y bore trannoeth, a gorfes i gloddio ogof yn yr iâ a'r eira dros nos. Dethon nhw lan a wedyn gafodd pabell 'i chladdu tan gymaint o eira. O'dd 'i'r storom fwyaf ffyrnig fi erioed wedi 'gweld, a ddoth y pedwar ohonon ni i lawr bron ar ein pengliniau trw'r nos, disgyn lawr y glasier 'ma, achos o'dd dim modd ca'l cysgod yn unman o'r storom.

*Ac o'ch chi yn meddwl bo' chi'n mynd i gwrdd â'ch Creadwr?*

O'n i'n gwbod o'dd raid inni gadw i fynd, o'dd ddim unrhyw obeth i orffwys na dim byd fel'ny, o'dd dim dewis ond cadw i fynd trw'r nos neu, siŵr o fod, bydde'r gwaetha'n digwydd.

*Pan y'ch chi'n cwblhau, gwedwch chi nawr, rhyw ddringfa uchel neu ryw ddringfa anodd iawn, shwd y'ch chi'n dathlu?*

Fel rheol, pan fydd y cyfle'n dod, 'wi'n ca'l cwpwl o beints . . .

*. . . os y'ch chi'n y wlad iawn!*

Ie, ma' hon yn broblem fowr ambell waith, os y'ch chi mewn gwlad Foslemaidd fel Pacistan neu rwle fel'ny ma' fe'n anodd iawn dod o hyd i ddiod.

*Beth y'ch chi'n neud wedyn 'te?*

Mae'n dibynnu. Lan yn y mynyddoedd 'u hunen dyw pobol leol ddim mor grefyddol, a ma'n nhw'n creu eu diod 'u hunen mewn gwahanol ffyrdd. Neu os y'ch chi'n gorffod mynd trwy'r llywodraeth, chi'n galler gweud 'bo' chi'n alcoholig. Chi'n llanw ffurflen mewn a chi'n ca'l *allowance* bob dydd wedyn, sy'n ddigon i feddwi unrhyw un dwi'n credu!

*Y'ch chi 'di gneud hynny?*

Odyn, 'ni wastad yn llenwi'r ffurflenni 'ma – rhag ofan 'bod ni'n llwyddo!

*'Wi'n deall hefyd 'bod nhw'n smyglo wisgi o Tsieina, odyn nhw, yn Pacistan?*

Odyn. Ma' hwnna'n bwysig iawn. Ma'n nhw'n dod â hwnna dros y mynydde. Sdim blas da iawn arno fe, ma' fe tua'r un blas â wisgi Cymra'g. Ond mae'n ddigon da i ddathlu!

*Ych trydydd record chi. Chi 'di dewis* Incantation. *Pam?*

Rhaid cofio am Dde America ble'r y'n ni wedi bod yn aml iawn yn dringo, a dwy flynedd nôl aethon ni i Tierra del Fuego a gorffod i ni ga'l llong fach bysgota i fynd â ni lawr trw'r ynysoedd i'r mynyddoedd ble o'n ni'n dringo. Ond ar ôl inni dalu'r boi, yr hen gapten 'ma, des i wbod bod e'n ca'l 'i nabod yn lleol fel Francis Drake, achos hen *pirate* o'dd e! Welon ni ddim o fe am dri diwrnod – a'th e mas a gwario a meddwodd e ar yr arian i gyd, a wedyn gath e ffeit a mynd i'r carchar. O'n ni ddim yn gwbod ble o'dd e. O'n ni'n chwilio'r dre am dri diwrnod nes ca'l gafael ynddo fe, a gorffod 'ni dalu i ga'l e allan o'r carchar ar gyfer mynd â ni i'r mynydde!

*O'dd e'n llwyddiannus wedyn? O'dd e'n foi da i fynd 'dag e i'r mynyddoedd?*

O'dd, o'dd. Ond naethon ni'n siŵr ar ôl iddo fe roi ni lawr ar y tra'th 'bo' ni ddim yn talu fe am y siwrne nôl nes o'dd e wedi dod nôl i mo'yn ni mis ar ôl 'ny, rhag ofan! Ond, yn wir i'w air daeth e'n ôl ymhen mis i'n dwyn ni'n ôl o'r ynys 'ma.

*       *       *

*Mis Mai diwetha Caradoc, fe ddringoch chi fynydd Everest, y Cymro cyntaf i gyrraedd y copa. Hwnnw yw'r uchafbwynt hyd yma?*

Ma' fe fel targed personol. 'Wi'n credu bod pob mynyddwr, os ma'r cyfle i ga'l, eisie neud ymdrech i ddringo Everest.

*Do'dd hi ddim yn hawdd o'dd hi?*

Na. Dyw'r dringo ei hunan ddim yn rhy anodd, ond y dechneg sydd eisiau i'w ddringo fe, ond ma' fe'n uchel iawn wrth gwrs, ac ma'r tywydd yn galler bod yn ddrwg iawn. Ma'r cwbwl yn dibynnu ar hynny, ar iechyd a phethe fel'ny.

*Y ffitrwydd . . .*

Ie, o'dd rhaid paratoi ar gyfer bod yn ddigon ffit i aller symud. O'n i'n gorffod dringo dros wyth mil medr heb ddefnyddio ocsigen, felly o'dd rhaid paratoi yn eitha manwl.

*Ble eloch chi wedyn i baratoi'ch hunan?*

Aethon ni draw i Nepal am y mis cyntaf i ddringo mynydde llai yn yr ardal 'ny, a wedyn aethon ni nôl i Katmandu a rownd i'r gogledd i Tibet i neud yr ymdrech ar Everest 'i hunan.

*Ac i baratoi'n feddyliol o'ch chi'n dringo dau fynydd ar ych pen ych hun. Be' chi'n feddwl wrth baratoi'n feddyliol?*

Ma' rhaid i chi neud ych meddwl yn fwy caled er mwyn ca'l llwyddiant yn y mynydde. O'n i wedi bod yn gweithio'n eitha cyson llynedd a heb fod yn neud llawer o fynydda. Felly roedd e'n bwysig i aller cael y dull hynny o feddwl cyn mynd allan i neud rhywbeth sydd mor anodd.

*Fe drodd y tywydd yn ddrwg pan o'ch chi'n dringo Everest. Fuoch chi'n gorfod aros ar ochr y mynydd dros wyth mil o fetre i fyny yn methu symud mla'n na nôl 'wi'n deall.*

Do, gethon ni'n dal ar saith mil a hanner metr am ddiwrnod ychwanegol a wedyn dau ddiwrnod ar wyth mil tri chant, achos o'dd storom gas iawn, ac o'n i'n ffodus bod gyda fi 'mhartner, bod e'n gryf ac yn ddigon bodlon aros yr amser 'ny, nes bod ni'n gallu neud y cynnig.

*Pan y'ch chi'n sôn am storm, storm o wynt o'dd hi?*

Ie. O'dd dim cymint â 'ny o eira, creigie yw'r wyneb gogleddol fel y rhan fwyaf o'r mynydd, ond o'dd y gwynt yn gryf iawn ac o'n i'n ffaelu symud yn uwch . . .

*. . . allech chi ga'l ych chwythu bant.*

Wel gallech chi, ma' fe'n ddigon cryf i neud 'ny. Chi'n symud heb raffe am lawer o'r amser er mwyn galler symud yn glou, a ma'n rhaid i'r gwynt ostwng peth cyn ichi allu neud 'ny.

*Nawr fe fuoch chi'n byw felly yn ych pabell. O'dd digon o fwyd 'da chi?*

Na, na. Rhedon ni allan o fwyd a nwy ar gyfer toddi iâ i aller yfed, a do'dd dim digon o ocsigen gyda ni chwaith. A do'dd neb yn gallu dod lan o islaw i roi cymorth inni o achos y storom. Ond yn ffodus o'dd sbwriel o *expeditions* erill, a thrw' chwilio trwyddo hwnna fel hen dramps bron, daethon ni o hyd i ddigon o fwyd a phethe erill i bara'r amser.

*Pa fath o fwyd o'dd e 'te?*

Pob math. Bwyd Americanaidd a *Japanese* fel rheol.

*Mewn tunie o'dd rhain wedyn?*

Ie, neu fwyd o'dd wedi'i sychu. Os o'dd raid ro'n ni'n tynnu fe mas o'r sbwriel, glanhau fe a neud y gore ohono fe.

*O'ch chi'n gallu byta hyn yn iawn, o'ch chi?*

O'n i'n ddiolchgar iawn bod bwyd 'na o gwbwl, yn ddigon hapus i fyta pob peth.

*A wedyn fe lwyddoch chi i gyrraedd y copa, ac fe gymrodd hi un awr ar ddeg i chi wedyn dofe?*

Rhyw dair awr ar ddeg i gyd, er mwyn dringo a dychwelyd i'r camp uchaf.

*O'dd e'n werth yr ymdrech?*

Oedd, oedd. O'n i'n ffodus iawn – o'dd y gwynt wedi gostwng a ro'dd e'n ddiwrnod eitha clir. O'dd golygfa wych dros y cymyle lawr hyd at India a nôl i Tibet.

*Nawr 1953, wrth gwrs, oedd y flwyddyn y cafodd Everest ei goncro am y tro cynta gan Tensing a Hillary. O'n nhw'n arwyr y ganrif, ond o'dd dim lot o sôn amdanoch chi pan gyrhaeddoch chi gopa Everest?*

Wel, 'wi ddim yn siŵr. 'Wi'n credu bo fi'n ffodus iawn i ga'l gwahoddiad i siarad gyda chi fel enghraifft!

*Ond o feddwl am Hillary a Tensing, a Charles Evans bron â chyrraedd on'd oedd – o'n nhw yn arwyr on'd o'n nhw?*

Oe'n, achos do'dd neb yn siŵr amser 'ny beth alle ddigwydd. O'n nhw'n becso cymaint os o'dd rhywun yn galler byw o gwbwl heb ddefnyddio ocsigen uwchlaw wyth mil metr, a buodd Charles Evans bron â llwyddo. Fe o'dd y dirprwy arweinydd ar yr *expedition* hyn a buodd e bron â chyrraedd y copa o flaen Tensing Norgay a Hillary, ond o'dd 'na ddiffyg yn ei offer ocsigen e. Troiodd e nôl, a thridie ar ôl 'ny llwyddodd Tensing a Hillary.

*Ond o'ch chi am ddringo heb yr ocsigen o'ch chi?*

O'n i'n mo'yn neud yr ymgais heb yr ocsigen, ond erbyn inni gyrraedd Camp 3 o'n i'n ystyried bo' ni'n mynd i orffod defnyddio fe, a wedyn gyda'r tywydd drwg o'dd ddim dewis gyda ni, achos bo' ni'n gorffod aros. Do's neb llawer wedi aros cymaint â 'ny o amser uwchlaw wyth mil metr, o'dd rhaid defnyddio ocsigen wedyn i ga'l unrhyw obaith llwyddo.

*Pa fath o deimlad yw e i fod heb ocsigen ar yr uchder 'na?*

Chi boitu marw gyda'r ymdrech. Mae'n cymryd hanner awr dim ond i roi sgidie mla'n, cymryd dwyawr i neud brecwast. Ma'r cwbwl yn mynd yn araf, araf iawn. A wedyn, chi wastad yn ofnus iawn o ga'l *frostbite* achos ma'r gwaed yn dew iawn a ddim yn cwrso trw'r gwythienne, a ma'r dwylo a bysedd y traed yn galler rhewi yn rhwydd iawn.

*Caradoc, 'wi'm yn deall, chi'n galw hyn yn sbort?*

'Wi'n credu, ond i chi fod yn ffodus a'ch bod chi'n paratoi'n iawn, ma'r peryg yn foddhad, a dyw e ddim yn or-beryglus.

*Record Gymraeg nawr, Edward H. Dafis a* Calan Gaeaf. *Pam y'ch chi 'di dewis hon?*

'Wi'n credu bod hon yn record dda iawn, os y'ch chi'n ofnus mae'n werth gwrando ar y geirie. 'Wi'n cofio Jasper Carrot yn gweud bod chi'n clywed rhywbeth fel hyn, lle ma'r dyn gwyllt gyda'r fwyell tu allan yn dod i'ch lladd chi, a chi'n cwato dan y *duvet* a meddwl bydd hynny'n eich arbed chi! Os 'wi'n dechre ofni ganol nos ar y mynydd, allen i feddwl am y gân 'ma.

*   *   *

*Ma'r gân yna, heb sôn am ddringo, yn ddigon i godi ofn arna i, Caradoc. Ond y'ch chi'n herio natur trw'r amser mewn gwirionedd. 'Na beth yw e, ondife? Onid yw natur yn drech na dyn?*

Ma' llawer o bobol sy'n ceisio herio natur yn ca'l 'u lladd neu'n ca'l amser drwg iawn, ond dwi'n credu bod ffordd arall i edrych arni – bo' chi ddim yn herio natur ond yn trial mwynhau natur. Ac os y'ch chi'n parchu'r mynyddoedd, gyda lwc fe allwch chi ga'l amser hwylus iawn.

*O's 'na ryw feddylie crefyddol am Dduw fel Creawdwr yn dod i chi pan fyddwch chi'n dringo'r mynyddoedd 'ma?*

Wrth fynd i'r mynyddoedd, chi'n cwrdd â phobol gyda chrefyddau gwahanol dros y byd, achos chi yn meddwl abitu'r pethe 'ma yn fawr iawn. Fi'n cofio boi o Norwy yn gweud bod 'i'n well i fod ar y mynydde yn meddwl am

105

Dduw na bod yn yr eglwys yn meddwl am y mynydde!

*Mae'n anodd dychmygu bod 'na fynydd ar ôl i'w ddringo, ond ma' 'na siŵr o fod, o's e?*

Oes, 'wi'n credu bod gormod yn y byd i fi. Dylen nhw gadw fi i fynd tan y diwedd, 'wi'n credu.

*Achos ma' 'na gannoedd o gopäon yn Tibet yn unig o's e?*

Oes, ond ma' digon ar ôl ym Mhrydain, neu yng Nghymru 'i hun.

*Y'ch chi yn gobeithio mynd i Bacistan y flwyddyn nesa i ddringo rhyw fynydd . . .*

Ma' pymtheg o *expeditions* wedi methu arno fe.

*Y'ch chi 'di methu ddwywaith y'ch chi?*

Odyn, 'ni wedi gwneud dwy ymdrech a wedi gorffod troi'n ôl. Os na fydd neb yn llwyddo leni, os gallwn ni ga'l tîm at 'i gilydd a chodi digon o arian fe ewn ni eto flwyddyn nesa.

*Dyw'r Wyddfa a chreigie Eryri yn ddim her o gwbwl i chi bellach odyn nhw?*

O odyn, her mawr iawn. 'Wi 'di bod yn dringo wythnos diwetha, a mwynhau cymaint â wnes i ar Everest. Ma' pethe anodd iawn i ga'l yn Eryri, creigie sydd eisie llawer mwy o dechneg na sydd eisie i ddringo mynydd uchel fel Everest.

*Welwch chi'ch hunan byth yn setlo i lawr a phriodi a neud pethe parchus felly?*

Wel, 'sen i'n hoffi, ond dwi'n ofan gyda'r math o fywyd dwi'n byw ar y pryd na 'sdim gobaith yn y dyfodol agos 'ta beth.

*Hynny yw, fyddai dim un merch yn fodlon rhoi lan â hyn fydde?*

Wel, ma' rhai wedi yn y gorffennol, ond ma' wastad risg fawr iawn pan 'chi'n trafaelu cymaint nôl a mla'n a byth yn sefyll yn llonydd.

*Pryd y'ch chi'n rhagweld y bydd raid i chi roi'r gorau i ddringo, a be' newch chi wedyn 'te?*

Ma' digon o bethe erill yn 'y mywyd i hefyd sy'n ddiddorol iawn, ond byth yr amser i neud nhw, achos ma'r her 'ma'n cymryd cymaint o amser. Ond fi'n credu bydda i'n cario mla'n, mynd mas i'r mynyddoedd hyd nes bydda i'n hen ddyn.

*A'ch record ola chi. 'Wi'n deall ych bo' chi 'di dewis* Havana Moon *gan Chuck Berry am 'i bod yn ych atgoffa chi o bob cariad y'ch chi 'di golli oherwydd ych hoffter o ddringo. Ydi hynna'n wir?*

Odi. Ond ambell waith 'chi'n ffeindo rhai newydd hefyd

wrth bo' chi'n mynd i'r llefydd 'ma. Ma' fe'n gweithio
ddwy ffordd.

# 'Fasen i ddim yn y swydd oni bai bod yr Urdd yn bwysig i fywyd Cymru'

## *Efa Gruffudd Jones*

**Prif Weithredwr yr Urdd**

**Darlledwyd:** 8 Ionawr, 2004

**Cerddoriaeth:**

1. *W Capten*: Eliffant
2. *Rhywbeth o'i le*: Huw Chiswell
3. *Ochr Treforys o'r dre*: Neil Rosser
4. *Bi-bop-a-Lwla'r Delyn Aur*: Meic Stevens

**Beti George:**

*Bydd 2004 yn flwyddyn fythgofiadwy, yn garreg filltir bwysig yn hanes fy ngwestai heddi. Mae hi newydd gael 'i phenodi i'r hyn fyddwn i'n 'i galw yn 'barchus arswydus swydd' lle bydd hi'n rheoli rhyw ddau gant o staff, yn gorfod llywio un o gyrff pwysica'r Gymru Gymraeg, yn ogystal â mynd at yr awdurdode i ymbil am arian mewn cyfnod lle mae 'Na' yn cael 'i roi fel ateb yn amlach na 'Cewch â chroeso'. O fis Mawrth ymlaen hi fydd Prif Weithredwr yr Urdd.*

*Dy'ch chi byth yn mynd i anghofio 2004 y'ch chi?*

**Efa Gruffudd Jones:**

Na, mae'n siŵr. Dw i'n edrych ymlaen yn fawr iawn at y gwaith sydd o 'mla'n i. Bydd e'n gyfle i fi ymwneud â thasgau newydd a chyfarfod pobol newydd a datblygu 'ngwaith i yn gyffredinol.

*Y'ch chi o natur fel'na, y'ch chi yn rhyw fath o optimist?*

Dw i'n credu 'mod i yn optimist, a dw i hefyd yn mwynhau sialense newydd, falle 'mod i'n diflasu fy hunan yn gyflym, dw i ddim yn gwbod. Ond dw i yn mwynhau her, ac yn ca'l fy sbarduno gan hynny a deud y gwir.

*Ac o'n i'n sylwi mai Prif Weithred**wr** 'chi'n galw'ch hunan, nid Prif Weithred**ydd**?*

Teitl y swydd yw Prif Weithredwr, a dyna'r swydd fydda i'n ei chyflawni. Dyw beth yw fy rhyw i ddim yn neud gwahaniaeth i'r swydd.

*Ond chi'n gwbod yn iawn y byddwch chi'n siomi rhai merched sy'n credu y dyle menywod mewn swyddi fel hyn ga'l 'u cydnabod, a felly bod yr '-wr' ar y diwedd yn ca'l 'i ddiddymu a'r '-ydd' yn dod yn 'i le.*

Beth sydd yn dda falle, yw bod y ffaith 'mod i'n fenyw ddim wedi fy atal i rhag gwneud y gwaith yma, na cha'l y swydd. A dw i'n meddwl bod hwnna'n bwysig iawn ac efalle'n ffordd o gymell pobl erill i fentro hefyd. Ond yn gyffredinol dw i ddim yn gweld e'n bwysig i'r swydd fydda i'n 'i chyflawni.

*Dyna'r pwynt ondife, falle fod y frwydr hon yn henffasiwn erbyn hyn.*

Do'n i ddim yn sylweddoli bod e'n gyment o lwyddiant tan i fi ga'l y swydd ac i bobol neud y pwynt mewn gwirionedd. A ma' hwnna'n beth da on'd yw e, bo' fi ddim erioed wedi teimlo bod e'n rhwystr i fi neud beth bynnag o'n i isie neud.

*Nawr, pan gyhoeddwyd y penodiad, mae'n debyg yn ôl portread ohonoch chi yng nghylchgrawn* Barn *ych bo' chi 'di ca'l cwestiyne pigog iawn.*

Do, ambell un . . . Mae'n amlwg falle bo' fi'n wahanol i rai pobol sy'n dal swyddi tebyg, sef 'mod i'n ifanc, ond yng nghyd-destun yr Urdd ma' hwnna, fi'n meddwl, yn fantais bendant.

*A wedyn byw yng Nghaerdydd yn hytrach nag Aberystwyth, o'dd hwnna hefyd yn codi gwrychyn rhai pobol?*

Mae'n siŵr 'i fod e, ond ma' pencadlys yr Urdd yn Aberystwyth, a dyna lle bydd e'n dal i fod. Bydda i'n amlwg yn teithio yno'n gyson, dyna lle bydd fy swyddfa i, a bydd pencadlys yr Urdd yn aros yn Aberystwyth.

*Ai'ch dewis chi o'dd aros yng Nghaerdydd a byw yng Nghaerdydd?*

Ie mae'n debyg. Yng Nghaerdydd rwy'n byw ers bron i ddeng mlynedd bellach, ond eto yn amlwg rwy'n gyfarwydd â theithio yn barod yn fy ngwaith, felly fydd e ddim yn broblem i fi a ma' teulu gyda fi yn Aberystwyth, a digon o ffrindie, felly dw i'n gobeithio y bydda i'n gallu ca'l cyfle i weld mwy ohonyn nhw hefyd.

*Achos ma' siŵr fod well 'da chi felly y bywyd yn y ddinas na bywyd yng nghefen gwlad. Y'ch chi 'di ca'l unrhyw brofiad o fywyd cefen gwlad?*

Na, Aberystwyth am bedair blynedd o'dd y profiad agosa ges i, a byw am flwyddyn yn Nhalybont. O'dd hwnna'n brofiad hyfryd, ond ar ôl pedair blynedd yna o'n i'n barod i ddychwelyd i'r ddinas. Dwi ddim yn siŵr os allen i fyw yn bellach nag awr oddi wrth *Marks and Spencer*!

*Ydi cerddoriaeth yn bwysig i chi? Allwch chi fyw heb gerddoriaeth?*

Dw i'n mwynhau cerddoriaeth. Fasen i'n gallu byw heb gerddoriaeth ond fasen i ddim yn gallu byw heb radio. Dw i'n hoffi sŵn yn y cefndir, ond dyw e ddim yn gorfod bod yn gerddoriaeth.

*Felly ych record gynta chi Efa?*

*W Capten* gan Eliffant. Mae'n dod ag atgofion yn ôl o'r hafau hir dreuliais i yng Nglanllyn o'r oedran pan o'n i'n dair ar ddeg tan bo' fi tuag ugen. O'n i'n mwynhau yn fawr, mynd i Glanllyn a chwrdd â ffrindie fan'na sy' wedi dod yn ffrindie oes i fi mewn gwirionedd, a chael cyfle i neud pob math o bethe fel hwylfyrddio a chanŵio a rafftio – na fydden i byth wedi'u ca'l fel arall. Ac wrth gwrs *W Capten* o'dd y gân o'dd yn gorffen y disgo bob tro.

*       *       *

*Ar y funud Efa ry'ch chi'n Gyfarwyddwr Datblygu'r Urdd, a fyddwch chi yn y swydd yma tan fis Mawrth. Beth y'ch chi wedi'i gyflawni yn ystod y cyfnod yma?*

Prif nod y gwaith yw codi arian i'r Urdd yn y bôn. Mae hwnna wedi golygu codi arian o'r sector fasnachol yn arbennig tuag at Eisteddfod yr Urdd, a mynd ar ôl grantiau amrywiol ar gyfer gweithgareddau'r Urdd yn eu cyfanrwydd, a dw i'n meddwl mai dyna'r gwaith dw i wedi'i fwynhau fwya, lle dw i wedi gallu dod o hyd i grantiau i ariannu swyddi sydd wedi dylanwadu mewn gwirionedd ar fywydau plant a phobl ifanc.

*Felly y'ch chi eisoes wedi ca'l profiad o'r peth anodda oll, fasen i'n 'feddwl, o ofalu am ochr ariannol yr Urdd?*

Mewn cydweithrediad â phobol erill yn amlwg, ond ma' 'na bwyslais wedi bod ar gynyddu incwm yn 'y ngwaith i yn y blynyddoedd diwetha.

*Ddwy neu dair blynedd yn ôl, wedi Clwy'r Traed a'r Genau, mi roedd hi'n wir argyfwng ar yr Urdd on'd oedd?*

O, mi o'dd 'i, ac fe allai fod wedi bod yn wa'th onibai bod y sefyllfa wedi gwella pryd nath hi. Achubwyd y peth drwy nifer o weithrediade gan Bwyllgor Gwaith yr Urdd. Gwerthwyd y Brif Swyddfa yn Aberystwyth a symudwyd i swyddfeydd ar rent, ond yn fuan iawn fe gawson ni bobol yn ôl i'r gwersylloedd, oedd yn golygu yn y tymor hir fod y sefyllfa ariannol wedi cael 'i hatgyfnerthu. Ma' sefyllfa'r Urdd wastad yn mynd i fod yn fregus. Mae e'n fudiad gwirfoddol, dyw'r Urdd byth yn mynd i neud elw, ond beth sy'n bwysig yw ein bod ni gosod seiliau ariannol cadarn, a'n bod ni'n neud yn siŵr 'bod ni'n gallu wynebu argyfynge o bryd i'w gilydd a byw drwyddyn nhw gan arbed y pethe sy'n bwysig i ni.

*Ma'n rhaid i chi wrth arian o'r Cynulliad er enghraifft.*

Wrth gwrs. Mae'n wir bod yr Urdd yn cynhyrchu'i incwm 'i hunan, ac yn 'y marn i ma' hwnna'n hynod bwysig. Mae'n rhoi gradd o annibyniaeth i ni os liciech chi. Ond ar y llaw arall, 'tasen ni ddim yn ca'l nawdd o ffynonelle cyhoeddus, fydde'n gwaith ni wedi'i grebachu gyment fel 'i fod e falle'n dod yn ddiystyr. Felly'n amlwg ma' nawdd cyhoeddus yn holl, hollbwysig inni.

*Hynny yw, ma'n rhaid i chi fynd gerbron y gwleidyddion, tasg fysen i'n meddwl y bydde rhai pobol ddim awydd 'i neud.*

Mae e'n bwysig iawn bod gwleidyddion yn sylweddoli beth yw'r gwaith y ma'r Urdd yn 'i neud ar hyd ac ar led Cymru, a beth yw'r dylanwad y'n ni'n 'i ga'l mewn llawer iawn o feysydd, o'r celfyddyde i chwaraeon, a ma'r profiade preswyl y'n ni'n 'u cynnig i blant mewn ysgolion a thu allan i'r gyfundrefn ysgolion yn un hynod, hynod o werthfawr.

*Achos y ddogfen yma gan y Cynulliad, Iaith Pawb, sydd yn rhyw fath o fraslun o'r hyn sy'n mynd i ddigwydd i'r Gymraeg o fewn y pum mlynedd nesa neu fwy hyd yn o'd.*

Wel mae e'n gosod nod uchelgeisiol iawn i bawb yng Nghymru ymgyrraedd tuag ato fe. Pump y cant o gynnydd mewn saith mlynedd dwi'n meddwl neu rywbeth tebyg. Mae e'n ffigwr aruthrol, ond do's dim amheuaeth gyda fi bod gan yr Urdd rôl lle y gall e gynorthwyo i gyflawni llawer o'r weledigaeth sydd yn Iaith Pawb.

*Ma'r plant yn yr ysgolion fwy neu lai'n aelodau caeth o'r Urdd, os ydi'r ysgol yn dymuno hynny. Ond be' sy'n digwydd ar ôl 'u bod nhw'n un ar bymtheg, pan ma'n nhw'n fwy annibynnol? Ydyn nhw'n cefnu?*

Ma' 'na rai yn gwneud yn bendant, ac mae e'n rhywbeth ma' isie i'r Urdd edrych arno fe, ond dyw hwnna ddim yn brofiad sydd yn unigryw i'r Urdd chwaith. Mae e'n wir yn gyffredinol beth bynnag yw'r mudiad y'ch chi'n sôn amdano fe. Ma'r Urdd wrth gwrs wedi gwneud ymdrechion yn y pum mlynedd diwethaf i sefydlu hunaniaeth arbennig i'r oedran rhwng un deg chwech a dau ddeg pump, a ma' hwnna wedi llwyddo i ddenu nifer cynyddol o aelodau yn yr oedran yna, sy'n gwneud gweithgareddau sy'n gwbl wahanol i'r oedran iau. Ry'n ni'n ddiweddar wedi penodi swyddog i weithio gyda'r oedran yma yn y gogledd, ma' un gyda ni yn y de hefyd. Ma'n nhw'n trefnu tripie a phenwythnose i ffwrdd, ac yn gweithio mewn ffyrdd gwahanol gyda ieuenctid Cymru.

*Achos mewn gwirionedd ma' 'na gymint mwy o gystadleuaeth i bobol ifenc yr oedran 'na heddi na beth oedd gwedwch hanner can mlynedd yn ôl.*

Mae e, ond dwi'n credu taw beth ma' gwaith yr Urdd wedi dangos yw ble y'n ni'n gallu darparu gwasanaeth. Ma' 'na alw amdano fe. Ma' 'na fwy o blant isie cymryd rhan yn ein gweithgaredde ni nag y gallwn ni 'u cyflawni. Pan y'n ni yn trefnu gweithgareddau, yn aml iawn ry'n ni'n gorffod troi pobol i ffwrdd.

*A chwaraeon ydi'r rheiny wedyn rhan amlaf?*

Ddim o angenrhaid. Ma' chwaraeon yn rhywbeth y'n ni wedi'i ddatblygu, eto dros y tair blynedd diwetha – ma' gyda ni chwech o swyddogion chwaraeon ar draws Cymru bellach, sydd eto'n neud rhywbeth pwysig iawn, sef cyflwyno chwaraeon trwy gyfrwng y Gymraeg y tu fas i oriau ysgol. Ma' hwnna'n rhywbeth pwysig iawn iawn on'd yw e? 'Ni'n defnyddio chwaraeon er mwyn hybu bod yn ffit ac iach, ond ar yr un pryd ma'n nhw'n mwynhau defnyddio'u Cymraeg.

*Hynny yw, fydde dim pwynt i'r Urdd onibai bod hynny'n wir.*

116

Na fydde. Ond y'n ni hefyd yn gobeithio'n bod ni'n fudiad ieuenctid proffesiynol. Ma'n staff ni'n derbyn mwy o hyfforddiant nag erioed o'r bla'n mewn gwaith ieuenctid ac y'n ni'n amlwg yn gofalu am y person cyflawn.

*Ond beth yw diddordebe pobol ifenc? Ma'n nhw 'run peth â phobol ifenc Lloegr, America, dros y byd i gyd am wn i. Celebs?*

Ma'n nhw. Ac ma'r Urdd yn trefnu teithie iddyn nhw fynd i weld y *celebs* yma.

*A phwy yw'r rheini? Dy'n nhw ddim yn Gymry nad y'n nhw?*

Ma'n debyg mai *Kerrang!* yw'r cylchgrawn ma' pobol ifanc yn 'i ddarllen fwya, ond dw i'n bersonol ddim yn 'i ddarllen e! Ond mae isie i ni fod yn ymwybodol o beth ma' pobol ifanc isie a beth ma'n nhw'n 'i fwynhau. A ma' hwnna'n un o'r pethe mewn gwirionedd y bydda i isie canolbwyntio arno fe, gneud yn siŵr ein bod ni'n casglu barn pobol ifanc, ein bod ni'n ca'l ffordd iddyn nhw reoli beth ma'r Urdd yn 'i gynnig iddyn nhw.

*Ond shwt allwch chi gystadlu gyda'r holl arian sy'n ca'l 'i fuddsoddi mewn cylchgrone fel* Kerrang!, *fel* Heat *am wn i,* Hello, OK! *a'r rhain i gyd?*

Allwn ni byth â chystadlu. Felly beth mae'n rhaid i ni neud yw cynnig rhywbeth sydd o ddiddordeb iddyn nhw, ac y'n ni yn llwyddo i neud hynny. Ma' pobol ifanc, fel mae'n digwydd bod, wrth 'u bodd yn mynd i Bentre

Ifan am bump diwrnod, a choginio a gwersylla – hynny yw, dy'n nhw ddim 'di ca'l y profiad yna yn unrhyw le arall, a mae'n brofiad sy'n unigryw i'r Urdd ac i Gymru.

*Eich ail record, chi 'di dewis Huw Chiswell. Dyw hynna ddim yn syndod ydi e?*

O'dd Huw Chiswell, un o'r atgofion melysa o Ysgol Ystalyfera. Fi ddim yn siŵr syniad pwy o'dd e ond o'dd e'n un hollol ysbrydoledig – o'dd Huw Chiswell yn dod i ganu yn ein gwasanaethe ni yn y boreau, a bydden ni i gyd yn heidio ar ddiwedd y gyngerdd ac yn gofyn am 'i lofnod e, a wedyn o'dd e'n canu mewn cyngherdde yn Theatr Cwm Tawe. O'n ni i gyd yn falch iawn. Y gân fydden i'n hoffi iddo fe ganu oedd *Rhywbeth o'i le*. O'n i'n rhannu stafell gyda fy chwaer, a fydden ni'n gwrando'n gyson iawn ar hon cyn mynd i gysgu yn y nos.

\*     \*     \*

*O'ch chi'n siŵr o fod yn eithriade, chi a'ch chwaer yn gwrando ar recordie Cymraeg – er eich bod chi yn Ysgol Gymraeg Ystalyfera?*

O edrych nôl, falle'n bod ni'n fwy o eithriade nag o'n ni'n sylweddoli ar y pryd. Dyna o'dd yn normal i ni. Dw i ddim yn credu o'n i byth wedi berchen record Saesneg, ac yn sicr do'n i ddim yn chware unrhyw radio Saesneg yn y tŷ. Dyna o'dd ein byd ni, a do'n ni ddim yn gwbod dim byd gwahanol.

*O'dd hi'n fagwraeth freintiedig on'd oedd Efa?*

Eto o edrych nôl, yn fwy felly nag o'n i'n 'werthfawrogi ar y pryd mae'n siŵr.

*Achos chi'n perthyn i linach hynod ddiddorol, y Gruffuddiaid, y dynasty yn Abertawe!*

Dw i ddim yn siŵr am hynny! Teulu diddorol iawn yn bendant, ac ochor fy mam ac ochor fy nhad yn gwbl wahanol o ran 'u cefndir a'u diddordebe.

*Linda'ch mam, o ble mae hi'n dod?*

O Dreforys. Ac yn dal i fyw yn Nhreforys.

*A wedyn eich tad, Heini . . .*

Wedi ca'l 'i fagu yn yr *Uplands*, a fel mae'n digwydd bod yn dal i fyw yn yr *Uplands*. Felly dy'n nhw ddim 'di symud yn bell iawn o le gawson nhw'u magu!

*A'ch mamgu a'ch tadcu . . . ond nid dyna beth o'ch chi'n 'u galw nhw ife?*

Ar ochor fy nhad, Oma a Tadcu, gan fod Oma [yr awdures a'r ysgolhaig, y diweddar Kate Bosse Griffiths] yn dod o'r Almaen. O'dd hi'n gymeriad arbennig o gryf. Ac mae Tadcu [yr Athro J.Gwyn Griffiths, a fu farw Mehefin 2004] hefyd yn gymeriad cryf yn 'i ffordd 'i hunan. Mae e'n dal i drio llywio'n bywyde ni gydag ambell lythyr o bryd i'w gilydd, yn ein cynghori ni ar y ffordd gywir i neud pethe, a beth ddyle'n diddordebe ni fod.

*Y'ch chi'n gwrando ar 'i gynghorion e?*

Ddim fel arfer, na! Ond meddwl yn dda mae e. Dw i'n siŵr 'mod i tua thair ar ddeg pan sylweddolodd e nad o'dd Ystalyfera yn mynd i gynnig Lladin i fi, a dyma ni i gyd yn ca'l llyfr dysgu Lladin fel anrhegion Nadolig. Felly bydden ni bob prynhawn dy' Sul i gyd o gwmpas y bwrdd yn gorffod dysgu *amo, amas, amat* ac yn y bla'n, a fi'n dal i gofio nhw hyd heddi er nad ydw i wedi neud defnydd mawr o'r wybodaeth! Ond o'dd e'n ca'l chwilen yn 'i ben ac o'dd e'n meddwl bod hwnna'n beth buddiol i ni ac felly o'dd e'n mynd ati ac yn cyflwyno'r pwnc i ni.

*Ond o'dd e'n eang 'i ddiddordebe hefyd on'd oedd?*

O'dd. Bydden ni'n mynd fan'na bob dydd Sul i ginio ac i de, a fe fydde'r sgwrsio o'dd yn digwydd o gwmpas y bwrdd yna, o edrych yn ôl, yn addysg fawr i ni. Bydde fe'n trafod pob math o bethe.

*Yr Aifft?*

Yr Aifft, ie – Oma hefyd wrth gwrs â diddordeb mawr yn yr Aifft, gyda'i chasgliad hi yn y Brifysgol yn Abertawe. Materion y dydd hefyd.

*O'dd hi hefyd yn sôn am 'i chefndir fel Iddewes yn yr Almaen?*

Nacoedd, ddim felly. A Chymraeg fydde hi'n siarad â ni. Fe fydde 'Nhad yn siarad Almaeneg â hi hefyd, fydden nhw'n sgwrsio'n Almaeneg, ond na, fydde hi ddim yn sôn. O'dd hi'n cyfeirio at 'i theulu hi, rheiny o'dd yn fyw nawr. Ma'r teulu yn yr Almaen i gyd yn feddygon, fel o'dd 'i thad hi. Felly o'dd y teulu yng Nghymru yn wahanol i'r teulu yn yr Almaen.

*Y'ch chi'n cadw cysylltiad o gwbwl â nhw yn yr Almaen?*

Odyn. Ma' 'na aduniade teuluol bob hyn a hyn. Yn anffodus fethes i fynd i'r un dwetha, ond fe a'th 'y Nhad a'i frawd, a 'mrawd inne, ac o'n nhw'n mynd i'r cestyll 'ma yn yr Almaen lle ma'n nhw'n cael dathliade hynod o swanc! Odyn ma'r teulu'n dal i ymwneud â'i gilydd, mae 'na hanes cyffredin yn perthyn i'r teulu a hwnnw'n ein clymu ni at ein gilydd.

*Faint o blant y'ch chi gyda llaw?*

Ry'n ni'n bedwar o blant, ac ma' hwnna'n un o bethe cyfoethog 'y mywyd i mewn gwirionedd. Fi yw'r hyna, wedyn ma' Nona chydig yn iau na fi gyda dau o blant ac yn byw yng Nghaerdydd, a 'mrawd i Gwydion yn byw yn Aberystwyth, a fy chwaer Anna yn fyfyrwraig yng Nghaerdydd. Ac y'n ni i gyd, yn enwedig wrth i'r blynyddoedd fynd heibio, yn dod yn agosach at 'n gilydd. Ry'n ni i gyd yn ffrindie mawr, ac wrth 'n bodd yn gweld 'n gilydd.

*A fe ethoch chi i astudio Almaeneg, Cymraeg a Mathemateg?*

Do. Dw i'm yn siŵr pam 'nes i astudio Mathemateg.

*A'i neud e trwy gyfrwng y Gymraeg, er nad o'dd hynny ddim yn ca'l 'i gynnig yn yr ysgol.*

Na'n union. Ges i drafferth yn Ystalyfera a dweud y gwir. Yn fy mlwyddyn gynta yn yr ysgol fe atebes i'r cwestiwn yn yr arholiad Gwyddoniaeth yn Gymraeg. Ges i ddim allan o gant, a cha'l 'y nhaflu o fla'n aelod o'r staff hŷn, a chael fy nghywilyddio o flaen pawb.

*Do'dd hwnna ddim yn brofiad y'ch chi'n mynd i'w anghofio.*

Na, dim pan y'ch chi'n ddeuddeg mlwydd o'd. Ond ar y llaw arall, falle fod hwnna'n rhoi rhyw ruddin i chi hefyd.

*Ydi pethe wedi newid yn Ystalyfera erbyn hyn? Ydyn nhw'n gneud y pynciau yma trwy gyfrwng y Gymraeg?*

Ma'n nhw, dw i'n falch iawn dweud, ydyn. Ond mi 'nes i astudio Mathemateg drwy'r ysgol, a thrwy'r ysgol gynradd wrth gwrs, yn Gymraeg ar wahân i'r Lefel A. Ond fe benderfynes i am ryw reswm y bydden i'n neud yr arholiad Lefel A yn Gymraeg. A mi 'nes i, a llwyddo!

*A wedyn penderfynu mynd i Aberystwyth?*

Ie, i astudio'r Gymraeg a Daearyddiaeth. I ryw raddau roedd Daearyddiaeth rywsut yn cyfuno Mathemateg a Chymraeg, o'n i'n mwynhau'r ochor ddynol o astudio Daearyddiaeth. Ond Cymraeg o'dd 'y niddordeb penna i, mae'n debyg am mai llenyddiaeth o'n i'n mwynhau'i hastudio a'i darllen. Ac ma' hwnna wedi para gyda fi. O'n i wrth 'y modd yn trin a thrafod llenyddiaeth, a dw i'n dal i neud.

*Ble y'ch chi'n sefyll ar yr iaith erbyn hyn? Y'ch chi'n un o'r puryddion, neu y'ch chi'n un sy'n dweud bod yn rhaid i'r Gymraeg newid?*

Yn bendant, dwi ddim yn burydd. Ma' angen i'r iaith Gymra'g fod yn iaith fyw, a does dim gwahaniaeth o gwbwl os yw hwnna'n cynnwys ambell i gamdreiglad. Wrth gwrs fe all rhai pobol astudio'r Gymraeg yn berffaith, fe fydd 'na haenen o bobol fydd wastad yn neud. Ond be' sy'n bwysig yw bod pobol yn cofleidio'r iaith fel iaith sy'n gyffrous ac yn fyw ac yn berthnasol iddyn nhw. Hynny yw ma' angen llawer mwy o ysgolion sy'n dysgu Cymraeg. Ma' 'na genedlaethau o blant sydd wedi methu cael y cyfle yna. Mae hanes fy mam yn y cyddestun yma yn ddiddorol iawn – o'dd 'i rheini hi'n siarad Cymraeg, ond iaith y teulu o'dd Saesneg. O'dd hi'n mynd i gapel Cymraeg, ond do'dd hi ddim yn deall popeth o'dd yn mynd ymla'n, a dim nes iddi gwrdd â Dad wedyn nath hi ail-ddysgu'r Gymraeg. Felly yn Nhreforys o'dd 'na genhedlaeth goll o bobol mewn gwirionedd. A phan ges i'n magu yn Nhreforys o'n i'n ffodus iawn, o'dd ein stryd ni yn arbennig falle am fod 'na lot o blant yr un oedran â fi o'dd yn mynd i ysgol Lôn Las, ac felly'n siarad Cymraeg. Ond do'dd hwnna ddim yn rhywbeth a brofodd fy mam yn Nhreforys, er bod y genhedlaeth o'dd yn hŷn na hi i gyd yn siarad Cymraeg, gan gynnwys fy nheulu i gyd – ma' rhai ohonyn nhw'n dal i neud hynny gydag acenion bendigedig a geirfa hollol anhygoel.

Ochr Treforys o'r dre, *Neil Rosser – dyna'ch record nesa chi.*

Ie, ma' Treforys yn fawr 'i ddylanwad arna i, ma' raid 'i

123

fod e. Ma' Treforys falle wedi ca'l cam weithie . . . Mae'r
ochor anghywir i Abertawe! Ond ma' Treforys yn lle sy'n
llawn o bobol mawr 'u calonnau.

\* \* \*

*I ddod nôl at y barchus arswydus swydd yma, Efa. O leia dy'ch*
*chi ddim yn cael eich dychryn o gwbwl, gofalu ar ôl . . .*

Na, ma' 'na gyfnod reit hir o gynllunio gyda fi. Falle fod
hwnna'n gymorth.

*Dau gant o staff, a chithe, beth y'ch chi ryw dri deg a dwy?*

Ie, ie. Yn naturiol fydda i ddim yn rheoli dau gant o staff
o ddydd i ddydd, do's neb yn neud hynny. Ma' gan yr
Urdd reolwyr ac is-reolwyr penigamp, felly bydda i'n
gweithio gyda nhw, felly dyw hynna ddim yn peri
gormod o bryder.

*Y'ch chi'n meddwl bod yr Urdd yn berthnasol bellach yn y*
*Gymru sydd ohoni, 'i gwerthoedd hi, beth yw e 'Byddwch*
*ffyddlon i Gymru, i gyd-ddyn, i Grist'.*

Ma'n gwaith ni'n profi'n bod ni'n berthnasol. Ma' pobol
isie dod i'n gweithgaredde ni, ma' pobol isie dod i'n
steddfod ni, ma' pobol isie dod i'n gwersylloedd ni. I fi
dyna sy'n dangos ein bod ni'n berthnasol. Petai niferoedd
yn gostwng yn sydyn bydden ni'n dechre holi beth sydd
o'i le, ond ar hyn o bryd ry'n ni fel 'sen ni'n darparu beth
ma' pobol isie. Felly fyddwn i'n dadle'n bod ni'n hollol
berthnasol, a fyswn i ddim yn neud y swydd oni bai bo'

fi'n meddwl bod yr Urdd yn berthnasol i Gymru, ac yn bwysig i Gymru ac yn gallu chware rhan bwysig ym mywyd Cymru hefyd.

*Dyna ni 'di dod at ein record ola ni.*

O diar!

*Allen ni fynd mla'n fan hyn am orie eto, ond 'na fe. Meic Stevens y'ch chi 'di 'ddewis.*

Fi newydd ddarllen hunangofiant Meic Stevens, a dw i'n falch dweud nad yw 'mywyd i mor gythryblus â'i un e! Ond dw i'n mwynhau'i gerddoriaeth e, mae'n mynd â fi nôl i amser coleg pan o'dd e'n dod i ganu weithie yn y Cŵps, a fydden ni'n cael sawl noson ddifyr yn 'i gwmni fe.

# 'Ar ôl colli 'nghoes gofynnes i'r doctor "Oes modd i fi fynd nôl i sgio?" "Gwranda nawr bach," medde fe, "dysga gerdded yn gynta"'

## *Gareth Mort*

**Sgïwr anabl**

**Darlledwyd:** 11 Ebrill, 2002

**Cerddoriaeth:**
1. *Hello my friends*: Neil Diamond
2. *Lleucu Llwyd*: Y Tebot Piws
3. *Wrth feddwl am fy Nghymru*: Dafydd Iwan
4. *Je ne regrette rien*: Edith Piaff

**Beti George:**

*Cafodd 'i eni ym mhentre bach Pwll y Glaw ger Pontrhydyfen yng Nghwm Afan. Fe dreuliodd e'i yrfa'i gyd yn y gwaith dur ym Mhort Talbot – dechre yno'n grwt pymtheg oed a gorffen beder blynedd yn ôl. Tu fas i'r gwaith do's dim llawer wedi gwneud mwy nag e dros fudiad yr Urdd, a sgio yw 'i ddiddordeb mawr arall. Fe oedd yr un a sefydlodd gangen yng Nghymru o'r Clwb Sgio i'r Anabl. Waeth mae e'i hunan yn anabl ar ôl colli'i goes mewn damwain erchyll yn y gwaith dur. Dyw hynny ddim wedi bod yn rhwystr o gwbwl iddo i fyw 'i fywyd i'r eitha. Dyn penderfynol iawn yw Gareth Mort.*

*Chi 'di bod yn sgio leni 'te?*

**Gareth Mort:**
Do, newydd ddod nôl o Lyn Tahoe yn yr Unol Daleithiau, rhwng Nevada a California.

*Shwd a'th hi?*

Hyfryd. Bendigedig. Dau ddiwrnod o eira, a'r gweddill wedi'ny, jest haul. Hyfryd ofnadw.

*Shwd y'ch chi'n dod i ben â hyn gwedwch. Shwd ma'r goes artiffisial 'na sy' 'da chi yn gweithio pan y'ch chi'n sgio?*

O, 'wi'n tynnu fe *off*. 'Wi'n sgio ar un goes.

*Fel'na ma' pawb yn neud, os ydyn nhw wedi colli un goes?*

Ie. Achos chi'n ffaelu neud dim byd gyda'r goes artriffisial, fydd hi fwy neu lai yn drago yn yr eira. Felly

127

'wi'n defnyddio dau *crutches* a dau sgi bach *attached* iddyn nhw, a ma'n nhw wedyn fel *stabilizers* pan 'wi'n sgio. *Outriggers* ma'n nhw'n galw nhw.

*Ond y'ch chi'n gallu neud yr holl symudiade cymhleth 'ma wrth fynd lawr y ski slopes?*

Ma'n nhw'n gweud dwi'n sgio'n well nawr na pryd o'dd dwy goes 'da fi.

*Faint gymrodd hi i chi i ddysgu sgio fel hyn?*

Yng nghangen yr Urdd yng Nghwmafon o'dd 'na glwb o fewn clwb mwy neu lai, ar gyfer bechgyn a merched o'dd yn sgio. Fe ddechreues i yn '73 pan dda'th dau grwt yn ôl o sgio, yn llawn o'r peth a gweud bod nhw'n mynd eto blwyddyn nesa. Daethon nhw mla'n ato fi a gofyn os allwn i drefnu trip iddyn nhw i gyd. 'Na beth wnas i, a hwnna o'dd y flwyddyn gynta. O'n i'n mynd lan i'r llethra yn Pontypŵl, a dysgu cwpwl o weithie yn man'na, a wedyn pan cyrhaeddon ni yn Ffrainc, fe ddechreuon ni sgio. Ond yr wythnos gynta o'dd 'na un goeden yn nghanol y slôp ac fe fwres i hwnna pob dydd tan y dydd Gwenar diwedd yr wythnos. Pam, 'wi ddim yn gwybod. Ond cwrddon ni griw o'r Alban a dod yn ffrindie mawr 'da nhw, a da'th dau o'nyn nhw gyda fi ar y dydd Iau a dydd Gwenar – yn solid trw'r dydd gyda fi yn dysgu fi, ac erbyn y prynhawn dydd Gwenar, o'n i'n gweud, reit ma' hwn yn mynd i fod yn mater o 'mywyd i am byth.

*Felly o'ch chi wedi bod yn sgio cyn i chi golli'ch co's?*

O'dd hyn tua deg mlynedd cyn y ddamwain.

*Ond colli'r go's a wedyn o'ch chi'n benderfynol o sgio o hyd?*

Ges i'r ddamwain diwedd mis Chwefror, a o'n i mas o'r ysbyty yn ganol mis Ebrill, a gofynnes i i'r doctor, 'Os 'na fodd i fi fynd nôl i sgio?' A be' ddwedodd e o'dd, 'Gwranda nawr bach, dysga shwd i gerdded gynta'. Ond o'n i am fynd nôl. A nawr dyma'r ffrindie hyn o'n i 'di cwrdd yn yr Alban, fe nethon nhw ffono fi lan i ddweud bod boi lan ar y llethre sgio hanner ffordd rhwng Caeredin a Glasgow o'dd yn dysgu pobol anabl i sgio. Es i lan am bedwar diwrnod, a bore cynta fe wedodd e, *'I will tell you tea time on Sunday, whether you can ski or whether you can't ski. I'm not going to pull any punches'*. Ond pan gyrhaeddodd amser te dydd Sul wedodd e, *'Put your name forward for the next Olympics'*! O fan'na ddechreuodd yr holl beth. O'dd hyn ym mis Awst ar ôl y ddamwain mis Chwefror, mewn chwech ne' saith mis.

*Un bach y'ch chi wrth gwrs ondife. Beth y'ch chi, pum troedfedd . . .*

Pum troedfedd *and a bit.*

*Odi hynna'n help? Hynny yw, chi'm yn gorfod cwympo mhell os gwympwch chi felly.*

O hollol. 'Wi ddim yn brolio ond 'wi ddim yn cwympo lot o weithie nawr. Wnes i ddim cwympo o gwbwl yn ystod y pythefnos y tro hwn.

*Y clwb 'ma wedyn, y Clwb Sgio i'r Anabl, chi wna'th ddechre cangen yng Nghymru ondife?*

Ie. Yn wythdeg naw. Dechreuon ni gyda saith yn y llethr sgio yn Llangrannog, ac erbyn nawr, yn cyfri'r ysgolion arbennig a'r clybiau a *Gateway* a rheina, ma' 'na bron bum cant o aelodau.

*Ac y'ch chi'n cystadlu wedyn?*

Odyn, odyn. Y clwb 'i hunan, halon ni griw o dair mas i'r Olympiaid yn *Salt Lake City* eleni, ac o'dd e'n costio pymtheg mil o bunnoedd iddyn nhw, ac o'dd rhaid i ni gasglu hwnna'n hunen. Ond y criw o bobol abl, gethon nhw bedair miliwn o bunnoedd i wario. A hefyd blwyddyn dwetha, mis Tachwedd a Rhagfyr halon ni griw o bump mas i'r *Special Olympics* yn Alaska, o Ysgol Heol Goffa yn Llanelli, a daethon nhw'n ôl â phump aur, saith arian a boitu pedwar *bronze*, ac eto o'dd raid i ni ffindo arian. O'dd e'n costio obeitu deuddeg mil o bunnoedd i ni a o'dd raid i ni gasglu hwnna o gwmpas Cymru yn hunain. A ni'n dod nôl â medale.

*A dyw'r lleill ddim . . .*

Dim byd. Jest un *bronze* 'wi'n credu. A phedair miliwn wedi'i wario arno fe.

*Felly, ma' digon 'da chi i neud wedi ymddeol o'r gwaith dur 'te Gareth?*

O's. Ma' rhedeg y Clwb yn mynd â lot o amser, achos ma'

130

'na adrannau 'da ni'n Abertawe, Penbre, Llangrannog a hefyd lan yn y gogledd. Ma'r gwaith yn mynd yn fwy ac yn fwy. Dwi'n mo'yn rhywun arall i gymeryd drosodd. Ond cario mla'n un blwyddyn arall, un blwyddyn arall, 'na'i gyd dwi'n neud.

*Chi 'di dewis Neil Diamond yn canu* Hello my friends *fel ych record nesa.*

Ydw. 'Wy'n hoffi 'i lais e. Ma' 'na lot o ffrindie 'da fi, pob rhan o Gymru, o'r de i'r gogledd, ac o'n i'n meddwl dyma gân i ddweud 'Helo' wrthyn nhw.

\*  \*  \*

*Y'ch chi'n dal i fyw ym Mhwll y Glaw.*

Ydw. Yn y tŷ lle gefes i 'ngeni. Y teulu sy' 'di perchen y tŷ ers Dadcu, fe adeiladodd e nôl yn 1890 'wi'n credu.

*O ble ma'r Mort 'ma'n dod gyda llaw, achos wrth gwrs ma' dyn yn meddwl am y gair Ffrangeg yn ymwneud â marwolaeth ondife?*

Ydi, ma'r teulu gwreiddiol o Gasllwchwr, ger Llanelli. Ond yn ôl beth 'wi'n 'ddeall ma'r enw gwreiddiol yn dod o'r Ffrangeg, a fel 'dach chi'n gweud, y gair Ffrangeg am farwolaeth yw *mort*. A 'na beth ddwedodd y *Sergeant Major* wrthyf fi, pan o'n i yn y Fyddin rhwng pum deg saith a phum deg naw, da'th ymlaen ataf i a gweud '*And your name?*' 'Mort.' '*You will be after I've finished with you,*' medde fe.

*Shwd amser gawsoch chi yn y Fyddin?*

Aetho i mewn i'r *Catering Corps* achos o'dd brawd henach wedi bod mewn cyn fi, a a'th e mewn i'r *Catering Corps* a wedodd e 'unwaith ti mewn yn fan'na ti ddim yn gwisgo dy *kit* o gwbwl, ti mewn *whites* trw'r amser. A ti'n gweithio shiffts, neb yn boddran â ti'. Fan'no es i, a 'nes i fwynhau. Aetho i yn y diwedd yn *sweets cook*, o'n i'n neud teisennod a phob math o beth, 'na'i gyd o'n i'n neud, i saith cant o soldiwrs.

*Y'ch chi'n dal i neud e? Achos chi'n byw ar ych pen ych hun?*

Odw nawr. Golles i 'mrawd dair, peder blynedd yn ôl. Odw, jest fi a'r ci. A 'wi'n cwcan i fi'n hunan.

*Heb unrhyw broblem o gwbwl?*

Na, dim o gwbwl. Ond y peth yw ma'r teulu i gyd yn y stryd nawr. Ma' nai 'da fi'n byw yn rhif saith, ma' 'mrawd yn byw yn rhif naw, a ma' gweddill y teulu o gwmpas, tua milltir o gwmpas, lan y Cwm a lawr gwaelod y Cwm.

*A wedyn wrth gwrs pan o'ch chi'n blentyn, cymdeithas Gymraeg o'dd hi ife?*

O'dd Mam a Dad a'n ddau frawd yn siarad Cymraeg, ond am ryw reswm o'n nhw'n siarad Saesneg 'da fi. Pam, 'wi ddim yn gwybod. O'n i'm yn sylwi'r amsar hynny. Dim tan i fi ymaelodi â'r Urdd yn pum deg dau, o'dd 'na lot yn siarad Cymraeg man'ny, ac aetha'i lan i Glanllyn

132

yn pum deg pedwar am y tro cynta. Ac wrth gwrs o'dd e'n Gymraeg i gyd, a felly o'n i'n eitha distaw, o'n i ddim yn siarad lot.

*O'ch chi'm yn 'u deall nhw o'ch chi?*

O'n i'n deall tim bach, ond y peth o'dd, o'dd hanner e'n acen y gogledd, a o'n i'n meddwl o'n i yn *Outer Mongolia*, o'dd dim clem 'da fi beth o'dd yn digwydd 'te. Da'th un ohonyn nhw ymla'n ataf i a gweud, 'Wel ti'n ddistaw, dim yn siarad lot', a wedes i *'I don't speak Welsh a lot like'*. 'O reit 'te.' Felly *number one priority* o'dd dysgu Mort erbyn y diwedd i siarad Cymraeg. Ma' hanner iaith y gogledd a hanner iaith y de 'da fi. Ac erbyn y diwadd 'wi fwy na thebyg yn siarad gwell Cymraeg nawr na beth o'dd Mam, Dad a'n ddau frawd yn siarad.

*O'dd y pentre o gwmpas yn Gymraeg i gyd, o'dd e ddim, yr adeg honno pan o'ch chi'n blentyn?*

Nôl yn y pumdegau a cyn 'ny o'dd e'n Gymraeg i gyd. O'dd yr hen dai, yr hen resi tai 'chi'n gweld yn y cymoedd, o'dd hwnna i gyd yn Gymraeg. Ond pan ddechreuon nhw dynnu i lawr yr hen resi ac adeiladu tai newydd, o'dd y bobol Gymraeg o'dd yn byw yn y rhesi yn ca'l 'u symud mas o'r cwm i wahanol lefydd yn Port Talbot, a wedyn y tai newydd yn ca'l 'u cymryd drosodd gan y Saeson. A 'wi'n siŵr 'na be' sy'n digwydd dros Gymru gyfan.

*Chi'n teimlo'n gryf dros hyn?*

Ydw. Yn enwedig pan o'n i lan 'na yn Glanllyn 'ramsar 'ny, o'dd rhan fwyaf o'r bobol o'dd yn mynd 'na yn aelodau Cymdeithas yr Iaith, a phan o'n i'n dod gartre wedi'ny i'r gwaith dur, wrth gwrs ro'dd 90 y cant yn Saesneg, ac o'dd pawb yn galw nhw'n pob math o enwau. O'n i'n trio esbonio pam o'n nhw'n ymladd dros yr iaith, mai'n etifeddiaeth ni o'dd hi. Ond o'n nhw'n pallu cymeryd â'r peth. O'dd 'na rai, cwpl o'r bois yn siarad Cymraeg ond . . .

*. . . O'n nhw'm yn deall.*

O'n nhw'm yn deall, 'na'r ffaith. Ar un amser o'dd dim gair Cymraeg am 'teledu' ac o'n nhw'n gofyn, *'What's "television" in Welsh?'* Ac o'n i'n ffaelu ateb, tan un diwrnod fe ffindais i mas bod y gair 'teledu' yn bod, a fe wedes i *'Will you tell me what "television" is in English?'* Achos nid gair Saesneg yw e nage? O, twt twt!

*Odi'r pethe 'ny 'di newid, chi'n meddwl? O's 'na well agwedd tuag at y Gymraeg?*

Ydi ma'r agwedd mewn ffordd wedi newid trwy Gymru trw'r BBC, S4C a'r pethe hyn, a nawr ma' shwd gymint o fusnesi yn Gymru'n gorffod ca'l rhywun sy'n siarad Cymraeg, a mae wedi cryfhau. Ma'r ysgolion wedi cryfhau, achos dim ond Rhydfelen o'dd amser 'na, ac o'dd plant o Gwmafon yn teithio man'na, hala awr ne' fwy i deithio bob bore. Ond nawr ma' tua dwy neu dair yn yr hen Orllewin Morgannwg.

*Fe adawoch chi ysgol yn bymtheg.*

Do. Etho'i syth i mewn i'r gwaith dur.

*Ai dyna ble o'dd aelodau'r teulu yn gwitho?*

Na, dim ond un, fy mrawd Ellis, o'dd e ddeg mlynedd yn fwy na fi – a'th e mewn i'r gwaith dur, ond o'dd brawd arall, David yn gweithio ar y rheilffordd. Dechreuws e 'na pan o'dd e'n 14.

*Ble o'dd ych tad yn gweithio?*

Yn y gwaith glo. Gath Dad ddamwain, gath 'i go's 'i smasho rhwng dou dram. Ond lwcus o'dd e, o'dd dim shwt gymint o niwed â beth ges i. Ond mae'n od meddwl bod e' 'di ca'l hyn a finne 'di ca'l yr un peth ddeugain mlynedd wedyn.

*Alla'i ddim dychmygu'r peth ondife, mynd i weithio yn y gwaith dur yn bymtheg o'd. Plentyn o'ch chi mewn gwirionedd ondife?*

Hollol, hollol. Ond y peth yw, o'n i'n lwcus aetha'i mewn i swyddfa o'dd yn gwneud y planiau i bob rhan o'r gwaith, y *print room* ma'n nhw'n galw fe. O'n nhw'n ffono lan a gofyn am gopi o hyn a hyn, o' rwbath wedi torri lawr. O'n nhw'n neud y copïa, wedyn o'n i'n mynd ar y beic lawr trwy'r gwaith a delifro'r peth hyn i'r swyddfa. Rhaid cadw mewn cof bod y gwaith yr amser hynny yn saith milltir o hyd, a wedyn pan o'dd hi'n glawio o'n i'n mynd ar y *bus*, o'dd na *bus service* yn rhedeg tu mewn i'r gwaith.

*Ac felly dyna'ch gwaith chi pan o'ch chi'n bymtheg o'd?*

Pan o'n i'n rhedeg lawr at yr *hot mills* o'n i'n rhoi y *plans* iddyn nhw fel o'n nhw 'di gofyn, a wedyn o'n i'n mynd ar draws i'r felin a sefyll ar llawr a gweld y darnau dur yn mynd lawr, gyda'r holl sŵn. Erbyn cyrhaeddais i un ar bymtheg, o'n i wedi cyfarwyddo â'r lle. Ar ôl amser chi ddim yn sylwi. Aetha'i trwy saith jobyn 'na cyn cyrhaeddais i'r top. Un job o'dd 'da fi o'dd neud *identification* ar y *slabs* gyda phaent alwminiwm, o'n i'n paentio pen y *slab* pan o'dd y canol yn dal i fod yn goch, ond erbyn diwedd y pedwar shifft o'dd yn jîns i'n aros lan, heb becso ydw'i yn'yn n'w chi'mbod, o'n n'w'n llawn o alwm, a chwys o'r corff.

O'dd yr wyneb wedi ca'l 'i sychu lan, a isie dŵr trw'r amser. Yn yr ha' wedi'ny, o'dd pethe'n wa'th byth. O'ch chi'n dod o wres mewn i wres, a chi jest ar y llawr yn trio ca'l ana'l.

*A faint o orie?*

Wyth awr y dydd.

*Tebot Piws nawr 'te yn canu* Lleucu Llwyd. *Pam Tebot Piws?*

Cwrddes i Dewi Pws, aelod blaenllaw o'r Tebot Piws, pan o'dd e'n Aelwyd Treforys. Pan ethon ni i Glanllyn wedi'ny, a finna'n swyddog nawr, o'dd e'n dod lan yn hen got ffyr 'i fam, a gyda llaw dyna ble gas 'i enw. O'dd merched yn galw fe 'Pws, Pws, Pws' trw'r amser. O'n i'n rhedeg y nosweithie llawen i gyd ac o'dd Dewi a'i griw yn mynd lan ar ' llwyfan a canu a whare gitârs. Wedi'ny dechreuon nhw neud records. A'r gân 'wi 'di 'dewis yw *Lleucu Llwyd*. 'Wi ddim yn gwybod os taw cân serch yw 'i neu bido, ond o'dd hen *Morris Minor* 'da Dewi ac o'dd e'n galw hwnnw'n Lleucu Llwyd, felly dwi ddim yn siŵr os taw cân am y car ne' am ferch fach yw hon.

*   *   *

*Gweithio yn y gwaith dur, nawr ma' dyn yn gyfarwydd â'r damweinie mewn pylle glo, ond o'dd 'na ddamweinie yn y gwaith dur, ond o'n nhw ddim yn gannoedd ar y pryd yn nago'n, 'na'r gwahaniaeth mae'n debyg?*

Ie, ond ma' eisie cadw mewn cof pan ddechreuis i yna, o'dd 'na tua 27,000 yn gweithio yn y gwaith dur yn Port Talbot.

*Faint sydd 'na erbyn hyn 'te?*

Dwy fil a rhywbeth. O'n nhw'n adnewyddu'r gwaith trw'r amser, o'dd system newydd yn dod mewn bob blwyddyn, a mae'n od o'dd rhan fwyaf o'r damweinie yn digwydd i'r contractwyr. O'ch chi'n ca'l un neu ddou trw'r amser o'n bois ni 'te, ond gyda'r contractwyr o'dd y damweinie mwyaf.

*Beth yn hollol ddigwyddodd i chi 'te, Gareth?*

Ar yr adeg 'na o'dd pawb, mwy neu lai, wedi mynd i ga'l bwyd, ond cyn i fi fynd o'dd isie codi darn o ddur tua thri deg o dunelli, pymtheg troedfedd o hyd, a'i ddodi fe ar ben peil bach arall. O'dd e'n hongan lawr o'r hoist, a dreifar craen wedi'i godi fe fel bo fi'n gallu slingo tsiaen rownd y ddau ben. Yn anffodus do'dd y *slab* ddim yn ei le yn iawn a fe swingodd e rownd ataf i, tröes i rownd i redeg ond fe ffaeles i ga'l fy nhroed dde mas o'r ffordd. Bwrodd e fi o dan y benglin. 'Wi ddim yn siŵr beth yw'r mathemateg ond o'dd rwbeth fel cant a hanner o dunelli o ddur twym yn bwrw fi. O'dd rhywbeth yn y dur wedi mynd fewn i'r goes, a hwnnw'n *gangrenous.*

Am wythnos fe drion nhw arbed y goes, ond un diwrnod ddaethon nhw mewn a fe ffindion nhw bod 'na ddim gwa'd wedi mynd i'r *calf muscles.* Fe ddihunon nhw fi lan ar y ward a gweud 'Mae'n flin iawn 'da ni, ond ma' raid i ni dorri fe *off* nawr'.

*Ne' alle fe fynd i fyny'r goes, trw'r corff?*

Galle fe fynd trw'r ysbyty mewn eiliad, a fuo raid iddyn nhw ganslo bob *operation* arall y diwrnod hynny, i lanhau'r ystafell mas, chi'n gweld. O'n i wedi bod heb y goes am wythnos a wedyn'ny da'th y dyn mawr, Mr Lake, da'th e mla'n a gweud bod isie torri rhagor. O dan y ben-glin o'dd y toriad cynta, ac o'dd e'n gweud bod raid inni dorri eto uwchben y ben-glin, fel bod y goes artiffisial yn gweithio'n well.

*Shwd o'ch chi'n teimlo yr adeg hynny, o'ch chi'n isel ych ysbryd Gareth?*

O'n. I ddechre bant, yn naturiol. Chi'n gweld rai o'r ffilms o'r *States*, ma'n nhw'n neud pethe mawr am y peth. Ond y peth yw o'dd y bois yn dod mewn, er enghraifft fe ddaeth Dewi [Pws] un bore gyda'i fam e, ac o'n i mewn stafell fach. Fe sleidiodd e'r drws ac edrych arnaf i, 'Ble ma' dy barot di?' medde fe! A'i fam yn gweud 'O Dewi, O Dewi, paid gweud rhywbeth fel'na . . . '

*Nodweddiadol o Pws ondife! O'dd hynny'n codi'ch calon chi?*

Wel o'dd, o'n i'n gwybod o'dd dim byd cas yn beth o'dd e'n 'ddweud. Da'th lot o bobol miwn ac o'n nhw'n codi fi'n *slow* bach. O'n i mewn obeitu saith ne' wyth wthnos, a wedyn lot o' bobol yn dod i'r tŷ – o'dd plant yr Aelwyd yn dod draw, o'dd y tŷ fel ffair am fisoedd.

*Gawsoch chi iawndal o gwbwl 'te?*

Do, ges i iawndal, ond cymerodd tua saith mlynedd cyn naethon nhw'i roi e. Ond yr iawndal o'ch chi'n ca'l am golli coes o'dd dwy fil o bunnoedd, ond uwchben hwnna ma'n nhw'n dodi *pain and suffering.* Ers 1982 dwi 'di ca'l lot o drwbwl gyda'r *sciatic nerve,* am ryw reswm ma'n tyfu'n ôl 'da fi, a ma' hwn yn digwydd gyda channoedd o bobol. Ma'n nhw wedi bod yn 'i dorri fe bedair gwaith, ond ma'n nhw'n ffaelu mynd mewn rhagor nawr achos 'wi wedi iwso lan y *budget* mwy neu lai.

*Ond y'ch chi ar dabledi wedyn 'te?*

Odw, cymeryd saith yn y bore, saith yn y nos.

*Chawsoch chi ddim digon o iawndal i fyw arno fe?*

'Sen i'n gwybod yr adeg 'ny beth o'n i'n mynd i ddiodde

am flynydde, wel na, yn naturiol do'dd e ddim. Ond o'dd hwn yn yr wythdegau, ma' pethe 'di newid lot nawr.

*Heddi, fysech chi'n ca'l cannoedd o filoedd siŵr o fod fysech chi?*

Ddim yn bell o chwarter miliwn siŵr o fod.

*Ond gethoch chi ddim byd tebyg i hynny.*

Na. A'r peth o'dd, o'dd yr Undeb wedi rhoi cyfreithiwr i fi, bachgen ifanc o'dd newydd ddod mas o'r coleg. A beth nath y cwmni wedyn, fel o'n i'n mynd lan i ddrws y llys, fe nethon nhw gynnig rhywbeth. Os o'n i'n gwrthod hwn ac yn mynd i'r llys, fe alle'r Barnwr weud 'Mae tipyn bach o'r bai arnat ti', a wedyn torri 10 y cant oddi ar y ffigwr o'n nhw'n cynnig i fi cyn mynd mewn i'r llys. *'We'll make an offer you can't refuse.'*

*Shwt o'n nhw'n dishgwl i chi fyw 'te?*

O'n i *off* gwaith am dair blynedd, ac o'n nhw'n trio gweud 'tho i 'Ma isie i ti ymddeol nawr'. A wedes i 'Na, dim tan fydda i'n barod'. Felly o'n i *off* tan '88 a wedi'ny fe wedes i wrthyn nhw, 'Reit 'wi'n dechre nôl yn y gwaith'. O'n i'n gwitho yn y swyddfa ar y felin tan '98 – wnes i ddeg mlynedd o waith ar ôl y ddamwain fwy neu lai. O'n i'n benderfynol o neud 'na.

*Rhaid ca'l Dafydd Iwan?*

Dyma gân gynta Dafydd ar yr hen *Cambrian Records*, *Wrth*

*feddwl am fy Nghymru.* Tu ôl i record 'i hunan ma' Dafydd wedi ysgrifennu nodyn bach 'I Gareth bach', pan o'dd e yn Glanllyn 'da ni.

*   *   *

*Wrth gwrs fe nethoch chi gymaint dros yr Urdd yng Nghwm Afan. Chi o'dd Mr Urdd yno am flynyddoedd maith ondife?*

Ie. Dechreues i yna yn pum deg dau, a pum deg pedwar ges i f'ethol i bwyllgor ieuenctid yr Aelwyd, a mewn blynydde wedyn i bwyllgor ieuenctid y Sir, a wedi'ny cynrychioli'r Sir yng Ngwesty Pantyfedwen, mewn cyfarfodydd. Wedi hwnna o'n i ar Gyngor yr Urdd am wyth mlynedd, a wedyn fues i'n Is-lywydd y mudiad am bedair blynedd.

*O'dd 'i'n siŵr o fod yn beth da i ga'l rhywun fel chi ar fudiad Cymraeg fel hyn, achos dod o ardal ddi-Gymraeg i raddau helaeth, gweithiwr dur, o'dd 'da chi lot i gynnig siŵr o fod?*

O'dd, achos gyda phob parch i bobol erill, o'n nhw i gyd yn athrawon ne' bobol felly, o'n i'n dod o gefndir gweithwyr, ac o'n i'n iwso'r un iaith â be' ma'r crwts yn siarad pan ma'n nhw'n gwitho. O'n i ddim yn gweud 'Peidiwch â gneud hwnna nawr bois'. Fydden i'n iwso geiriau llawr y gwaith 'te, ac o'n i'n ca'l mwy o barch mas on'yn nhw, ac o'n i'n mwynhau.

*Achos o'ch chi'n denu pobol ifanc fydde ddim wedi mynd, gwedwch petai 'na athro neu rywbeth yn 'u harwain nhw?*

Ble o'dd yr hen Aelwydydd mewn adeiladau trw' Gymru i gyd, o'n nhw'n denu pobol o'dd yn gweithio a rhai o'dd yn mynd i'r coleg ac ysgolion Cymraeg. O'n nhw'n gweld rhannau o Gymry, na fydden nhw byth yn 'u gweld oni bai am yr Aelwyd. O'n nhw'n dringo'r Wyddfa 'da fi, achos fydden i'n dringo'r Wyddfa dair gwaith y flwyddyn, a mynd â chriw newydd lan bob tro. O'n nhw'n gweld a chlywed yr iaith Gymraeg, a gweld gogledd Cymru. Oni bai am hwnna bydde cannoedd o blant Cwmafon heb weld y peth, ac rwy'n siŵr bo' nhw'n gweud yr un peth gyda dinas Caerdydd, dinas Abertawe a phob math o lefydd yr adeg 'na, o'dd yr Urdd yn cymeryd pobol o bob rhan o fywyd. A nawr wrth gwrs, dim ond yn yr ysgolion ma'n nhw'n cyfarfod.

*Achos ma'n nhw 'di cau'r Aelwydydd?*

Ma'n nhw 'di cau'r Aelwydydd, ma' Aelwyd Cwmafon wedi ca'l 'i thynnu lawr a phedwar tŷ wedi ca'l 'u hadeiladu 'na yn 'i lle.

*Felly y'ch chi'n meddwl bo' hwnna'n gamgymeriad?*

Ydw. 'Wy yn teimlo'n drist dros y peth, achos ar ôl i fi ymddeol yn naw deg pump, mewn tair blynedd o'dd yr Aelwyd ynghau a'r tir wedi ca'l 'i werthu, a'r adeilad wedi ca'l 'i dynnu lawr. Ac i fi ma' hwn yn dodi cyllell mewn i'r iaith Gymraeg, bob tro ma' hwn yn digwydd.

*Wrth gwrs, peth arall o'dd gwaith dur ym Mhort Talbot, fel o'ch chi'n dweud, y miloedd a'r filoedd oedd yn gweithio pan o'ch chi 'na, a dim ond rhyw ddwy fil erbyn hyn. Ydi Port*

*Talbot yn saff chi'n meddwl?*

O ydi. Ma'r dur sy'n dod mas o Port Talbot yn ddur bron perffaith. Fel enghraifft, o'dd cwmni *Volvo* a *Saab* yn prynu dur dim ond wrthyn ni, achos o'dd e mor berffaith. Pan ddechreuodd *British Steel*, o'dd y swyddfa yn Llundain, a phenderfynon nhw pan o'n nhw'n ca'l yr ordors mewn fan 'yn, bydden nhw'n rhoi nhw i waith dur lan yn Glasgow neu ble bynnag, ond mewn chwech mis o'dd y stwff i gyd wedi dod nôl. Wedon ni, '*If we do not get the steel from Port Talbot, you'll lose the order*', a da'th y gwaith hwnna nôl i ni. Dyna un enghraifft, a ma'n nhw'n dal i neud gwaith da, y dur gore.

*Ond mae pennaeth British Steel newydd ga'l codiad o gant y cant yn 'i gyflog. A'r gweithwyr wrth gwrs . . .*

'Na fe. *The rich ger richer, the poor get poorer*. Ma' hwnna'n wir pan y'ch chi'n gweud wrth y gweithwyr, sori dim ond dou y cant chi'n 'ga'l blwyddyn hyn, a wedyn ma'r boi ar y top yn cael yr holl arian. Ry'n ni'n dilyn yr Unol Daleithiau bron bob blwyddyn. Arian yw popeth.

*Dyw bywyd ddim wedi bod yn rhy hael wrthoch chi ydi e, Gareth, mewn gwirionedd?*

O ydi mae e. Oni bai am y goes 'wi'n iach. Colles i 'nghoes, nage 'nghof i, a rhaid wynebu bod e wedi digwydd, a dyna hi. Cario mlaen gyda'm bywyd. *What's done is done.*

*A chi'n ddyn penderfynol.*

143

O ydw. 'Wi'n gobeithio y bydd 'na bâr o sgîs 'da fi yn y bocs.

*Be' chi'n feddwl 'yn y bocs'?*

Yn y bocs claddu 'te. Ond 'wi'n siŵr bydd 'na siap od ar y blydi bocs 'na bydd e! Y peth pwysig yw jest wynebu gweddill 'y mywyd i gyda gwên os yn bosib. A 'wi wedi dewis Edith Piaf yn record ola. Mae'n canu 'Dw i'n difaru dim', a 'na beth yw agwedd 'y mywyd i, 'Dw i'n difaru dim'.

# '"Ydach chi'n siarad Cymraeg?" meddwn i wrth y plisman yn Southampton'

## *Elvira Moseley*

**Cantores o'r Andes**

**Darlledwyd:** 19 Mawrth, 1995

**Cerddoriaeth:**
1. *Myfanwy*: Ryan Davies
2. *Las mañanitas*: Nat King Cole
3. *Mam wnaeth got i mi*: Dafydd Iwan
4. *Too good to be true*: Andy Williams

**Beti George:**

*Rwy'n ei chofio hi'n cyd-gyflwyno* Siôn a Siân *yn 'i bŵts bach gwyn a* hotpants. *Ro'dd hi'n canu a chwarae gitâr hefyd a'r sioncrwydd yn 'i chanu yn wahanol i'r canu dwys, lleddf yr oeddwn i yn rhy gyfarwydd ag e . . . Ond roedd hon â rhyw naws Lladinaidd yn ei hosgo a'i chân, a hynny am 'i bod wedi ca'l 'i geni a'i magu yng Nghwm Hyfryd ym Mhatagonia. Diflannodd wedyn o'r sgrin ac o fywyd Cymru, gan iddi briodi a symud i'r Almaen. Ond erbyn hyn mae hi a'i gŵr a'r ddau blentyn wedi ymsefydlu ym Mhort Talbot.*

*Ers pryd y'ch chi'n ôl yng Nghymru? A pam dod nôl i Bort Talbot ac nid i Drawsfynydd, lle ma'ch gwreiddie chi?*

**Elvira Moseley:**

Daethon ni'n ôl o'r Almaen i'r hen wlad yn niwedd mis Mehefin 1990. Un o Bort Talbot yw 'ngŵr i, a thra oedden ni'n byw yn yr Almaen o'n i'n dod nôl a blaen i'r hen wlad bob gwyliau ysgol. Felly oedden ni mewn cysylltiad â Baglan trwy'r amser.

*Achos wedi hala dwy flynedd ar bymtheg yn yr Almaen, pam dod nôl o gwbwl?*

O'n ni 'di penderfynu pan aethon ni i fyw i'r Almaen y bydden ni'n dod nôl rywdro, cyn bod gwreiddie'r plant yn mynd yn rhy ddwfn yn yr Almaen. Ond do'dd ddim rhaid i ni ofni hynny achos, gan bo' ni 'di bod mewn cysylltiad â Chymru trw'r amser yn ystod y gwylie, o'ddan nhw'n edrych ymlaen at ddod nôl i fyw yn Baglan.

*Ac i fynd i goleg yng Nghymru? O'dd hynny'n bwysig?*

146

Oedd, oedd, o'dd hynny'n bwysig. Do'dd dim un o'r ddau isie mynd mlaen i ddysgu mewn prifysgol Almaeneg, o'n nhw isie dod nôl i Gymru.

*Achos mewn gwirionedd, o'dd y ddau wedi ca'l 'u geni a'u magu yn yr Almaen on'd do?*

'Na fe. Gafodd Alun 'i eni fan hyn yng Nghastell-nedd, ac o'dd o'n gwpwl o ddyddie oed pan aethon ni â fo i'r Almaen. Ond gafodd Carol 'i geni yn yr Almaen.

*Ry'n ni'n gyfarwydd yng Nghymru wrth gwrs â theuluoedd dwyieithog, ond ma'ch teulu chi yn amlieithog. Ma' 'da chi Gymra'g, Sbaeneg, Almaeneg – Ffrangeg hefyd gyda'r plant on'd oes?*

Ma'n nhw 'di dysgu'r rhain i gyd, ma' Carol yn neud 'na yn y Brifysgol nawr a ma' Alun wedi'i neud o tra o'dd e yn dysgu yn y Brifysgol yma yng Nghaerdydd.

*Ond beth yw iaith yr aelwyd?*

Iaith yr aelwyd ydi Saesneg, yn anffodus, mae'n flin gen i, achos dydi'r gŵr ddim yn siarad Cymraeg. Fel o'dd y plant yn tyfu yn yr Almaen, o'dd rhaid iddyn nhw ddysgu Almaeneg tu fas i'r tŷ. Do'n i ddim yn gallu Almaeneg amsar 'ny, ac o'n nhw'u dau yn mynd i'r ysgol Almaeneg, felly o'dd digon o waith gyda nhw i ddysgu'r Almaeneg 'i hunan yn iawn. Wedyn o'n nhw'n ca'l dysgu Saesneg yn yr ysgol ramadeg fel ail iaith, a Ffrangeg hefyd ne' Lladin. Ond Ffrangeg a Saesneg naethon nhw ddewis. Felly ro'n i'n teimlo na fedrwn i ddim yn hawdd ddysgu Cymraeg iddyn nhw hefyd.

*Ga'i ofyn i chi Elvira, pa iaith sy'n dod gynta i chi? Pa iaith y'ch chi fwya cyfforddus ynddi?*

Ddwedodd rhywun wrtha'i rywdro beth bynnag yw'r iaith 'dach chi'n breuddwydio yn'i, ac yn enwedig pa iaith 'dach chi'n siarad yn ych cwsg, mai honno ydi'r iaith 'dach chi'n meddwl fwya yn'i. A Cymraeg, ma' raid i fi ddeud, honna 'di'n iaith gynta fi.

*Iaith ych mam felly yntê.*

Ia. Ia.

*Ddysgoch chi Almaeneg tra 'bo' chi allan yn yr Almaen?*

O'dd rhaid i fi, achos o'n i'n hunan yn tŷ a babi wrth gwrs, ac yn y lle o'n i'n byw o'dd 'na fawr neb yn siarad Saesneg, felly o'dd yn rhaid i fi ddysgu.

*Ydi'r gitâr gyda chi o hyd? Fyddwch chi'n rhoi tonc arni hi weithie?*

Ma'r gitâr gyda'r plant yma yng Nghaerdydd, ond dwi yn whara os dwi'n ca'l gafael ar un yn yr ysgol gyda'r plant, ble bynnag dwi'n cyflenwi fel athrawes dwi'n mynd ag yn ca'l cân fach ne' ddwy 'da'r plant.

*Yn y ffordd Sbaeneg?*

Weithie ia, ond erbyn hyn beth bynnag ma'r plant yn licio

148

canu fydda'i yn whara iddyn nhw hefyd.

*Ac ry'ch chi'n ca'l cyfle i ganu felly?*

Ia, tamad bach. Ond dwi ddim yn canu fel o'n i ers talwm! Dim ond yn canu tipyn bach 'da'r plant.

*Ych record gynta chi nawr 'te Elvira.*

Pan o'n i yn yr Almaen, beth oedd yn dod â ni yn agosa i Gymru oedd llais Ryan Davies, ac oedd *Myfanwy* wrth gwrs yn rhywbeth annwyl iawn, nid dim ond i fi, ond i'r teulu gartre hefyd.

\*     \*     \*

*O'ch chi'n gyfarwydd â Ryan, Elvira?*

O'n. O'n i 'di ca'l y fraint o gyfarfod Ryan, Ronnie ac Alun Williams. O'n i wedi ca'l 'y ngwahodd i gymryd rhan mewn cyfarfod yn Corwen, ac o'n i ar yr un llwyfan â'r tri.

*Dyddie braf.*

Braf iawn wir.

*Ar y teledu wedyn?*

Ia, ond dim gyment â hynny ar y teledu. Dim ond nawr ac yn y man, dim rhaglen i fi'n hunan, ond ymddangos yn rhaglenni rhywun arall.

*A phob un yn dotio ar yr acen 'ma sy' 'da chi siŵr o fod?*

Dy'n nhw ddim yn siŵr o le dwi'n dod. Ma' rhyw *hint* o'r gogledd, a wedyn fydda i'n dweud 'mâs' , 'nawr ac yn y man', neu beth bynnag eirie sydd yn perthyn i'r de.

*Y'ch chi'n siarad yn gyflym hefyd on'd y'ch chi?*

Ydw braidd, a ma' ryw 'och' yn dod mâs sy'n perthyn i'r Almaeneg hefyd. Dipyn bach o bopeth yna'i.

*Ydi pobol yn ei cha'l hi'n anodd i ddeall weithie pan fyddwch chi ar ych cyflyma, pan fyddwch chi'n siarad?*

Ydyn. Pan fydd rhywun yn cyflwyno fi, dudwch bo' fi'n siarad i henoed neu Ferched y Wawr neu rwbath felly, ma'n nhw'n deud, 'Gyda llaw, ma' Mrs Moseley yn gofyn i chi ddweud os 'nad ydach chi'n ei deall hi, achos ma' hi'n tueddu weithie i siarad braidd yn glou. A rhwng yr acen a phopeth, falle na fyddwch chi'n siŵr am beth mae'n sôn'.

*Ydi Cwm Hyfryd yn dod ag atgofion melys i chi?*

Ydi wir, ydi. Plentyndod dibryder, hapus iawn; wedi'm magu mewn cartref Cymreig. Os 'dach chi'n gallu dychmygu rhan fach o Gymru ym mhen draw'r byd, a phopeth yn Gymraeg yn tŷ, y bwydydd, y canu, y capal, pob dim. Er bod 'na ddim plant yn agos i whare 'da fi o'n i'n arfer siarad 'da'n hunan, o'dd ffrindie dychmygol 'da fi, ond o'n nhw i gyd yn Gymry. Eto, o'dd 'y mrodyr i, o'n nhw yn siarad Cymraeg, o'n ni byth yn siarad gair o

Sbaeneg gyda Mam na Dada, dim ond Cymraeg, ond weithia o'ddan ni blant yn siarad gyda'n gilydd yn Sbaeneg.

*Felly pryd ddechreuoch chi siarad Sbaeneg?*

O'n i'n saith mlwydd oed yn dechre siarad yn weddol. O'dd rhaid i fi achos bo' fi'n mynd i'r ysgol, ac o'dd yr iaith yn yr ysgol yn Sbaeneg.

*Achos o'dd 'da chi bedwar brawd, o'dd rheiny dipyn yn hŷn na chi.*

O'ddan, dipyn yn hŷn, o'dd 'na bron ddeng mlynedd rhwng yr ieuenga a fi. Felly o'dd 'na dipyn mwy rhwng yr hyna wedyn, o'n nhw'n bedwar.

*Pan y'n ni'n siarad am Gwm Hyfryd, ymhle yng Nghwm Hyfryd yn hollol, beth o'dd enw'r pentre?*

Tre'r felin, Trevelin, achos y felin sy' wedi rhoi'i henw i'r dre. Ma' Trevelin, fedrwch chi ddeud, rhwng Gorsedd y Cwmwl, y Mynydd Llwyd a'r Graig Goch.

*'Na chi enwe pert ondife, Gorsedd y Cwmwl. Ai yn yr enwe Cymra'g ma'n nhw'n adnabyddus ym Mhatagonia felly, ai yr enwe Cymra'g sy'n ca'l 'u defnyddio?*

Nage, nage. Enwau Sbaeneg sy'n cael eu defnyddio ond ma'r Cymry yn nabod nhw o'u henwau Cymraeg.

*A faint o bobol oedd yn byw yn y pentre?*

Pan o'n i yno, dudwch bod 'na ryw wyth cant o bobol, rwbath felly, ond wrth gwrs, nid dim ond Cymry o'dd yn byw 'na. O'dd 'na rai o dylwyth Almaenwyr, Eidalwyr, Sbaenwyr, *Czechoslovakians*. O'dd 'na dipyn o bopeth.

*Ond o'ch chi'n dod mla'n yn dda gyda'ch gilydd?*

O'n ni'n dod mla'n yn iawn 'da'n gilydd, o'n. Ond Cymraeg oedd y capal, ac o'dd popeth yn mynd o gylch y capal, o'n ni'n treulio dy' Sul yn y capal, a wedyn o'dd cyfarfodydd Nadolig, Gŵyl Dewi a dathlu Gŵyl y Glaniad.

*O'dd y Cymry yn dueddol o gadw at 'u hunen?*

Na, o'n ni yn cymysgu, ond o'n ni wrth ein bodd yn cwrdd â'n gilydd, deudwch bod 'na Noson Lawen yn mynd yn rhywle neu'i gilydd, fydden ni'r Cymry yno gyda'n gilydd. Ac wrth gwrs, erbyn o'n i 'di tyfu'n ferch ifanc, oedd lot o blant y Cymry wedi priodi bechgyn a merched o wreiddiau erill. Ond eto wedi'u geni yn Ariannin.

*O'dd y lleill wedyn, o'r cenhedloedd erill, o'n nhw hefyd â'u diwylliant eu hunen a'u pocedi bach eu hunen?*

Na, na. Yng Nghwm Hyfryd, Cymraeg oedd y mwyaf. Nawr, ewch chi i le arall o'r enw Bariloche ac Almaeneg 'di hwnnw. Ac ewch chi i lefydd erill, ma'n nhw'n fwy Eidaleg. Ond Cwm Hyfryd a Dyffryn Camwy wrth gwrs, Cymraeg oedd y rhan fwyaf.

*O'dd ych rhieni wedi ca'l 'u geni mas yno?*

Mam, oedd. Ond o deulu Cymraeg, a Dada o Drawsfynydd.

*Pryd a'th e allan yno?*

A'th e yn 1911, cyn y rhyfel, a'th e a dau frawd arall i'r Wladfa. Sefodd dau frawd yn Nyffryn Canwy a mi a'th Dada dros y Paith i Gwm Hyfryd i Drevelin.

*Pam o'n nhw'n mynd mas, i osgoi mynd i'r rhyfel?*

Osgoi mynd i'r rhyfel, 'na fe. Ond yn anffodus, o'n nhw 'di methu ca'l digon o arian i dalu i'r pedwar brawd fynd, a'r brawd ieuenga yn gorfod aros ar ôl. A chydig ar ôl iddyn nhw fynd, gorfod iddo fe fynd i'r rhyfel 'i hunan. A 'gafodd o ddamwain yn y dyddie cynta o'dd o yno, *grenade* wedi chwythu'i drwyn o. Ond er hynny o'dd o'n gymeriad eitha hapus ar hyd ei oes, ac o'n i'n falch iawn bo' fi 'di ca'l y fraint o'i nabod e.

*Ddoth e draw?*

Na, na. Pan ddês i yma naethon ni gyfarfod.

*Ond, meddwl nawr am ych tad yn mynd draw 'na yn 1911. Beth o'dd 'i oedran e?*

O'dd o ddim yn dri deg pan a'th e. A gwrddodd e â Mam yn y Wladfa.

*O'dd ych tad yn dipyn o ddylanwad arnoch chi.*

Oedd, o'dd o'n ddylanwad mawr. Deud y gwir, o'dd y bechgyn yn deud 'tha i o hyd, wel gei di neud be' ti'n dewis achos cyn belled â mae Dad yn y cwestiwn, ti'n neud popeth yn iawn. Petaen nhw 'di sôn am fynd i wlad arall, fydde Dada 'di deud 'Na, chewch chi ddim, sefwch fan hyn'. Ond o'n i 'di deud bob tro ers o'n i'n fach 'O, liciwn i fynd i'r Hen Wlad rywdro'. 'Yr Hen Wlad' o'dd Dada'n galw Cymru o hyd ch'weld. Ac o'n i isio mynd. Ac o'dd hwnnw yn 'y mhen i o hyd.

*O'dd e'n tynnu darlunie wedyn yn 'i ben a'u trosglwyddo nhw i chi?*

'Na fe. O'dd Dada yn treulio lot o amser, ar ôl torri coed tân tu ôl i'r tŷ, yn syllu, a rhyw olwg hiraethus arno fo, yn edrach ar y Graig Goch, honno sy' gyferbyn â Gorsedd y Cwmwl. Ac o'n i'n meddwl, wel pam ma' Dada yn edrach ar honna, ac wrth gwrs, o'n i ddim isie taro ar draws 'i feddylie fo achos o'n i'n gweld, o'dd o mewn byd 'i hunen tra o'dd o'n edrych, ag o'dd o o hyd yn neud 'run peth. Ond pan ddês i Gymru, a mynd i'r Traws, fi'n gwbod pam yn gwmws, achos ma' mynydd lan yn y Traws yn edrych yr un peth yn union â'r Graig Goch. A dyna ble o'dd y dynfa o'dd gyda Dada i iste fan'na yn edrych ar y Graig Goch.

*Siŵr fod hireth ofnadw arno fe.*

O oedd, hiraeth. Wel o'dd o'n cario llythyron 'i dad a'i frodyr a'r perthnase i gyd yn 'i boced o, nes bo' nhw 'di treulio. O'dd o 'di tynnu nhw mâs o'i boced a rhoi nhw'n ôl gymint o weithiau nes bron o'ch chi'n methu darllen nhw. Ond cofiwch, fi 'di neud 'run peth yn union.

*Ond dda'th e'm nôl i Gymru o gwbwl?*

Naddo, naddo.

*Methu fforddio?*

'Na fo. Ond mewn ffordd ro'dd e'n deud 'tha 'i, wel gei di fynd yn fy lle i.

*Wedodd e wrthoch chi bod e 'di difaru mynd o gwbwl?*

Naddo. Ond licie fo fod wedi dod nôl. Ond nath o rioed ddeud bod o 'di difaru, na.

*Wel ych ail record chi. Mae'n mynd i'ch atgoffa chi nawr o'r cyfnod yng Nghwm Hyfryd. Nat King Cole ie, beth yw'r cysylltiad nawr 'te Elvira.*

Wel, o'n i'n deud 'tho chi am nosweithie llawen a chyfarfodydd a phethach fel'ny yn cadw Cymry. Wel nawr o'dd 'na dair merch a fi, o'dd *quartet* 'da ni. A dyma un o'r caneuon o'dd yn boblogaidd iawn, ac o'n ni'n canu hon. Nat King Cole yn canu *Las mañanitas.*

*A beth yw ystyr hwnnw?*

*Mañana* ydi fory neu bore. Bore braf, mewn ffordd cân ben-blwydd yw hi.

* * *

*Ydi hwnna'n dod â lwmpyn i'r gwddf Elvira?*

Ydi braidd. Ma'n atgoffa fi o fynd ar geffyl i gwrdd â'n ffrindie, rheini o'dd yn y *quartet* lle o'n i'n canu, ac enw'r grŵp o'dd gyda ni oedd Lleisiau'r Andes, ne' *Las Vocas de Andes.*

*Dwi'n meddwl am y* mañanitas *'ma ondife, a'r* mañana *y'n ni'n gyfarwydd â fe, gadael popeth tan fory. Fel 'na o'dd hi?*

Ie wir mewn ffordd. Achos os nad o'ch chi 'di gorffen petha heddiw, wel fedrwch chi orffen nhw fory yntê? A ma'r duedd mewn ffordd yn dal i fod, ma' pobol yn amyneddgar. 'Sna ddim rhyw hen ras wyllt i fyw. 'Dach chi'n cymryd ych amser. A dwi'n credu mai dyna pam ma'n nhw'n byw yn hirach a ma'n nhw falla'n hapusach na ni mewn ffordd.

*Cwbwl wahanol i fyw yn yr Almaen 'sen i'n meddwl 'te.*

Yn hollol wahanol, achos os 'dach chi'n sôn am ras wyllt a *'compete with the Joneses'* ma' tipyn mwy o hwnnw yn yr Almaen na sy' fan hyn.

*O'dd y Sbaenwyr a'r Cymry yn gwbod ffordd i fwynhau 'u hunen hefyd o'n nhw?*

O'n ni yn mwynhau'n hunen, a beth o'n ni'n ga'l yn Ariannin o'dd *asados*, nid tamed bach o gig ond yr holl anifail cyfan, a ble bynnag 'dach chi'n mynd, y croeso chi'n ga'l ydi *asado*. Mewn wythnos, os 'dach chi'n gallu, ma' 'na falla chwech neu saith o ŵyn ne' lloeau ne' moch bach wedi ca'l 'u rhoid yn gyfan fan'na ar y bachyn i ga'l 'u cwcio wrth y tân.

*Dim lot ohonyn nhw'n llysieuwyr 'te?*

Na, dim llawar o gwbl.

*A wedyn y gwin yn llifo?*

Na, dim llawar. Dim o gwbl gyda ni gartre, neu fawr ddim. Tamed bach falle ond dim llawar, nag o'dd.

*O'ch chi'n sôn amdanoch chi'n mynd ar gefen ceffyl i gwrdd â'r merched erill ontife. O'dd y ceffyl yn bwysig iawn wrth gwrs. Ceffyl, nid car.*

Ie, ie. O'dd dim car 'da ni o gwbl. Ac o'ddan ni'n un ai'n mynd ar geffyl, neu yn y cerbyd a'r ceffyl. O's o'dd Mam a fi'n mynd i rwle, o'n ni'n mynd yn y cerbyd a'r ceffyl. Mynd i siopa neu fynd i weld nain neu fynd i weld unrhyw un.

*Ar ôl yr ysgol gynradd, chawsoch chi ddim ysgol o gwbwl allan yno.*

Naddo. Pan orffennes i yn yr ysgol gynradd o'dd dim bws rhad ac am ddim i fynd â'r plant i'r coleg eilradd, i'r pentref nesaf, Esquel, felly o'dd 'nheulu'n methu fforddio i fi ga'l aros yn rhywle dros yr wthnos a dod nôl y penwthnos. Felly sefais i adra yn helpu Mam, a nath un o 'mrodyr i, Geraint, ddweud wrtha'i, 'Reit, mi dala i ti os wyt ti am wneud cwrs gwnïo trw'r post'. O'dd o'n gwbod o'n i 'di dechra gwnïo, o'dd Mam yn dysgu fi sut i wnïo, ond i neud cwrs drw'r post, o'n i'n meddwl o'dd hynny'n wych. Felly mi 'nes i gwrs gwnïo drw'r post.

*Beth o'dd gwaith ych tad gyda llaw?*

Saer. A chodwr canu.

*O'dd 'na ddigon o waith iddo fe wedyn?*

O'dd o'dd, digon o waith, ond llawar tro chi'n gweld, dim arian o'dd o'n ca'l yn dâl am beth o'dd o 'di 'neud. O'dd o un ai'n cael sach neu ddwy o wenith i'r ieir, neu fochyn bach i besgi erbyn y gaea. Un tro mi nath Dada ddreser Gymreig i ffrind i ni o'dd yn chwara'r organ bob tro o'dd Cymanfa Ganu neu rwbath sbesial, hi o'dd yn chwara'r piano neu'r organ, a mi ges i ddwy flynadd o ddysgu chwara'r organ yn dâl am y ddresel o'dd Dada 'di neud.

*Ma'n anodd credu on'd yw hi? Wedyn dyma chi'n penderfynu dod i Gymru. O'dd o'n benderfyniad dewr 'sen i'n feddwl Elvira o'dd e ddim?*

Oedd, oedd. A deud y gwir pan dwi'n edrych nôl mae o'n rhoid ias drwy 'nghroen i i feddwl bo' fi 'di neud yr holl daith 'na'n hunan. Achos o'n i'n gorfod cychwyn o

Drevelin, dala'r trên bach yn Esquel a o'dd yn mynd â fi wedyn i Buenos Aires, ond o'dd ffrindie 'da fi yn Buenos Aires yn disgwyl i fi y pen arall.

*A faint o daith o'dd honno i ddechre?*

O'dd honno i gyd yn cymryd diwrnod a hannar. Yr holl daith. O'n i'n gorfod cysgu dros nos ar y trên bach. Wedyn yn Buenos Aires, o'n i'n ca'l y pasport a'r papure a phopeth o'dd rhaid i fi'u c'al, cyn mynd i'r llong yn Buenos Aires, ac o'dd y llong wedyn yn mynd â fi i Southampton a'r daith yna yn ugen diwrnod ar y môr.

*Ar ych pen ych hunan?*

Ia. Wrth gwrs o'n i 'di cyfarfod â lot o fechgyn a merched ifanc ar y llong. O'dd y llong yma yn cario cig o Ariannin, a phobol, ac yn y *tourist class* o'ddwn i. Ac o'dd 'na hwyl ofnadwy. Bob dydd.

*Cyrraedd Southampton.*

Ia, cyrraedd Southampton a dim gair o Saesneg. O'dd Dada wedi rhoid brawddeg fach i fi i ddweud, *'Can you tell me the way to Wales?'* Nawr, sut o'n i'n mynd i gyrraedd gyda hwnnw sa i'n gwybod a deud y gwir, ond beth bynnag, o'n i wedi cerdded allan o'r llong, a 'di ca'l 'y mhethe fi gyd, a 'weles i blismon, a mi ddechreuis i siarad yn Gymraeg gyda fo. Reit. Deud 'Ydych chi'n siarad Cymraeg? Ydi Cymru'n bell iawn o fan hyn?' A tra o'dd hwnnw yn trio ffindio mâs beth o'n i'n drio siarad gyda fo, o'n i'n teimlo o'dd o mor fawr, o'n i'n edrych fyny arno fe, a theimlo mor ofnadwy o fach. Beth bynnag, weles i ddau ddyn yn chwifio'u dwylo, ac wrth i fi edrych arnyn nhw, o'dd un ohonyn nhw yn edrych yn debyg i Dada, a'r llall yn debyg i 'mrawd Ellis. A nhw o'dd wedi dod o Ddolgella i gwrdd â fi.

*Felly o'dd dim isie i chi ddefnyddio* **y** *frawddeg yna o'dd ych tad wedi'i dysgu i chi?*

Nag o'dd, yn ffodus.

*Beth o'dd ych ymateb chi pan welsoch chi Gymru gynta? O'dd e'n debyg i'r darlun yma o'dd ych tad wedi'i greu i chi?*

Na. O'n i wedi'n syfrdanu gyda'r holl wyrdd ymhob man. O'n i'n methu credu bod yn bosib bod 'na gymint o wyrddni, achos gyda ni wrth gwrs o'dd hi'n ddechra Ebrill ch'weld, ac adra erbyn hynny o'dd popeth yn felyn, sych, brown os rhywbeth. O'dd 'na ddim byd gwyrdd. Os o'dd na wyrdd o'dd o ryw damed bach, bach wedi cael ei ddyfrhau dair, beder gwaith y dydd yn yr ardd. Ond dim byd arall. O'n i'n methu dod dros y gwyrddni 'ma.

*A beth arall wedyn a darawodd chi?*

O'dd pobol yn sôn am fynyddoedd, ac i fi bryniau o'n nhw. O'n nhw'n rhy fach i gymharu â'r Andes ondife.

*O'ch chi'n mynd i ga'l addysg uwchradd nawr, am y tro cynta. Ac o'ch chi 'di dod draw â'ch gitâr.*

Do, bag, bag cysgu, y gitâr a bag lle o'dd 'y nillad i. 'Na

gyd o'dd 'da fi. Digon fel bo fi'n gallu cario popeth yn hunan rhag ofn bo rhaid i mi neud yn ffordd yn hunan rywsut neu'i gilydd o Southampton i Goleg Harlech.

*A'ch record nesa chi, chi 'di dewis Dafydd Iwan yn canu* Mam wnaeth got i mi.

Pan o'n i'n cyflenwi fel athrawes dechra'r tymor diwetha yn Ysgol Felindre ger Abertawe, hon o'dd un o'r caneuon o'dd y plant wrth eu bodd yn ei chanu.

*   *   *

*Sôn am Goleg Harlech, fe ddigwyddodd rhywbeth pwysig i chi fan'ny, fe gwrddoch chi ag Eddie'r gŵr on'd do?*

Do, do.

*O'dd e mor wahanol nawr i fechgyn Cwm Hyfryd?*

Oedd, oedd mewn ffordd. O'dd o'n ŵr bonheddig a dweud y gwir. O'dd wir.

*Doedd 'mo bechgyn Cwm Hyfryd yn wŷr bonheddig?*

Wel, dwi'm yn gwybod, mae'n debyg mai rhywbeth i neud â syrthio mewn cariad o'dd o, falle. Falle bo' fi ddim wedi syrthio mewn cariad o'r bla'n, a bo fi wedi'r amser hynny, a hynny 'di neud gwahaniaeth am wn i.

*A wedyn mynd i'r Almaen? Pam?*

Naethon ni briodi a wnes i orffen blwyddyn ymarfer dysgu, ac o'dd dim llawar o waith deud y gwir. O'n i 'di bod yn chwilio am waith fan hyn, ac o'dd Eddie nawr yn edrych yn y *Times Ed.* a dyma fo'n deud 'Liciet ti fynd i'r Almaen am ddwy flynedd?' Pam lai. Achos o'dd dim plant 'da ni'r amsar 'ny, a dyma ni'n mynd i'r Almaen, i ddechra am ddwy flynadd.

*A wedyn Alun a Carol yn cyrraedd. O'ch chi wrth ych bodd yno fel teulu?*

O'n, o'n. A dwi'n credu beth gadwodd ni wrth ein bodd fan'na o'dd y ffaith bo' ni'n dod gartre beder gwaith y flwyddyn. Achos fuon ni ddim un gwylia yno – lle i weithio o'dd yr Almaen. O'dd yr Almaenwyr yn methu credu pam o'n i, diwrnod ola'r ysgol, wedi aros yn y tŷ trw'r bora yn llanw'r car, a phan o'dd y plant yn dod nôl o'r ysgol ar 'u beics, o'n nhw'n cloi bob dim a mewn i'r car, ac ar yn ffordd i Gymru. A fan hyn yng Nghymru o'ddan ni tan y funud ola o'r gwylia. O'n ni'n cyrraedd nôl i'r Almaen chwech o'r gloch y bora a'r plant yn mynd i'r ysgol hanner awr 'di saith, ac yn cychwyn yn yr ysgol am wyth o'r gloch y bora.

*Beth am yr Almaenwyr? Ma'r syniad 'ma 'da ni, ar 'u gwylie bod rhaid iddyn nhw ga'l y tywelion fel bod nhw'n ca'l lle ar bwys y pwll nofio a phethe fel'na. Ydyn nhw fel'na mewn gwirionedd?*

Ydyn, ydyn, ma'n nhw fel'na. Ond cofiwch fuon ni'n ffodus i gwrdd â rhai â thipyn o galon gyda nhw, a ddim mor hunanol. Ond o'dd 'na rai erill, y teimlad o'n i'n ca'l o'dd bod dim ots am rywun arall. Ac o'n nhw'n 'defnyddio chi. Wnes i ddim sylwi hyn yn y dechra, ond o'dd rhai yn gyrru 'u plant i whare 'da ni, a gwaith cartre Saesneg 'da nhw. Wrth gwrs o'dd y 'mhlant i wrth 'u bodd, neu o'n nhw'n dod ata i i helpu nhw. Wrth gwrs petaech chi'n neud 'na iddyn nhw, fydden nhw un ai'n gofyn ichi dalu amdano, neu o'n nhw'n deud 'ma'n flin 'da ni, does gynnon ni'm amser i'ch helpu chi'.

*Faint o weithie chi 'di bod nôl yng Nghwm Hyfryd ers i chi adael?*

Un waith yn 1971, a wedyn y tro ola oedd Nadolig dwytha. Felly mae 'na dros ugen mlynedd wedi mynd heb bo fi 'di gweld yr hen gartre o gwbl.

*A'r plant 'da chi y tro diwetha.*

Ie. Y tro diwetha o'dd 'i'n daith fendigedig. Os o's cloc yn gallu dangos emosiwn, wel o'dd o wedi taro a 'di mynd yn rhacs o un pen i'r llall. A hynny achos o'n i'n mynd â 'mhlant. O'dd 'y mhlant i'n cwrdd â 'nheulu i a phlant o'n i ddim wedi'u gweld. Ond o'dd Alun a Carol mor hapus i weld rhai erill yn debyg iddyn nhw, ac wrth gwrs yn perthyn iddyn nhw. A beth o'n nhw'n teimlo, y syniad ma'n nhw 'di roi i fi ers hynny yw, o'r diwedd ma' teulu gyda ni. Achos teulu bach o'n ni'n fan hyn. Nawr ma' teulu mawr gyda nhw yn Ariannin.

*Achos o'dd ych rhieni wedi marw, a brawd ichi hefyd.*

Ie, Gwynfor fu farw dwy Nadolig yn ôl, a bu farw'n

rhieni gwpl o flynyddoedd yn ôl, dros ddeng mlynedd nawr.

*Achos do'ch chi'm yn gallu mynd draw ar gyfer yr angladde na dim.*

Na, yn anffodus. Achos yn Ariannin pan ma' rhywun yn marw, mae'n rhaid claddu'r person mewn dau ddeg pedwar awr. Does dim modd 'u cadw nhw'n hirach, felly o'dd ddim modd iddyn nhw fod mewn cysylltiad â fi i ddweud 'tha'i, fel bo fi'n dala'r plên i fynd adra mewn pryd yntê.

*Mae 'na rai pobol yng Nghymru yn dweud bod 'na duedd i or-ramantu am Batagonia, chi'mbod, anghofiwch am Batagonia achos ddyle'r bobol, medden nhw, ddim fod wedi mynd draw 'na yn y lle cynta, ddylen nhw fod wedi aros fan hyn i helpu'r genedl fach yma i oroesi ac i barhau. Be' sy' 'da chi i' weud wrth y bobol hyn?*

Wel, wir, dwi'n credu bod y bobol yn y Wladfa wedi creu rhyw fath o Gymru fach yn 'u ffordd 'u hunen. A dweud y gwir, tra o'n i adra y duedd o'dd i bobol i deimlo bod yr Hen Wlad wedi anghofio amdanyn nhw. Achos o'dd 'na ddim pregethwyr yn ca'l 'u hanfon atan ni. Fuon ni am flynyddoedd heb bregethwr. Ond o'n ni'n trio'n gora i gario mlaen. Wrth gwrs o'dd y capeli, ond fel welwch chi fan hyn, rhyw bymtheg neu ugen o'dd yn mynd yn brydlon i'r capal. O'dd ein rhieni ni a rhai o'u hoedran nhw yn mynd, ond chydig o rai ifanc. Ond wrth gwrs, erbyn Gŵyl y Glaniad a Nadolig, o'n ni, y rhai ifanc, yr paratoi rwbath, ac o's o'dd rhywun yn dod o Gymru o'dd 'na gyfarfod neu gonsert yn ca'l ei neud iddyn nhw yn y fan a'r lle.

*Newid mawr wedi digwydd, wrth gwrs, ers i chi fod yno.*

O'n i bron â thorri 'nghalon a deud y gwir achos o'dd ein cartre ni obytu rhyw ganllath o gapel Bethel. O'n i'n gweld capel Bethel fan'na, mi es at y lle, ac o'dd porfa enfawr a chwyn ymhob cyfeiriad o'i gwmpas. O'n i ddim hyd yn oed yn gallu gweld tu fewn, achos o'dd y ffenestri i gyd wedi ca'l 'u cau a phlanciau ar y drysau. O'dd 'na amser hir wedi mynd ers bod rhywun wedi bod mewn.

*A'r iaith wrth gwrs hefyd?*

Ma'r iaith yn dal, ma'n nhw'n trio'i chadw hi rywsut. Mae'n dal i fynd – falle ddim mor dda ag o'dd 'i pan o'n i adra, ond ma'n nhw yn trio neud 'u gorau. Ma'n nhw'n cadw eisteddfodau yn Nyffryn Camwy ac yng Nghwm Hyfryd a ma'n nhw'n cystadlu yn erbyn 'i gilydd. Ond eto, ewch chi i eisteddfod fan'na, fydd o'n ca'l 'i gyflwyno yn yr iaith Sbaeneg a wedyn yn y Gymraeg.

*Ac eto chi'n gweld Elvira, dyw'ch plant chi ddim yn siarad Cymraeg, er ych bo' chi'n byw yng Nghymru.*

Ia, felly, ydw i ar fai hefyd mewn ffordd.

*Ydi Carol ac Alun â diddordeb?*

Ma' diddordeb gynnyn nhw, ma' Eddie wedi dechra dysgu Cymraeg hefyd. Ma' rhywfaint o bosibiliadau gyda ni eto i allu siarad yr iaith rhywbryd.

*Patagonia neu Ariannin yw e i chi?*

Wel Ariannin mewn ffordd, achos ma' nheulu i ymhob cyfeiriad yn y wlad. Ma' rhai ym Mhatagonia, ma' 'na rai erill yn y brifddinas ac yn Cordoba ac yn y Rio Negro. Ma'n nhw mewn llawar i le yn Ariannin i gyd mewn ffordd.

*Dyma ni wedi dod at yn record olaf, ac y'ch chi wedi dewis Andy Williams. Pam?*

Wel ma' hwnna yn record arbennig achos mae o i neud â'r amser o'n i 'di cwrdd ag Eddie yn Harlech. *Too good to be true.*

# 'Noson fythgofiadwy oedd honno yn y carchar yn Nhrelew'

## *Sam Roberts*

**Warden Eryri**

**Darlledwyd:** 19 Mawrth, 1987

**Cerddoriaeth:**
1. *Rue Saint Michel*: Meic Stevens
2. *From me to you*: Beatles
3. *Baby Love*: Supremes
4. *Bugail Aberdyfi*: Côr Orffiws Treforys
5. *Cachapaya*: Incantation
6. *Blowing*: Jess Roden Band

**Beti George:**

*Boi sy'n byw yn y mynyddoedd, yn gweithio arnyn nhw ac yn 'u dringo bob cyfle geith e, dyna 'ngwestai'r bore 'ma. Fe gollodd 'i waith oherwydd na alle fe ddweud 'Na' wrth y mynyddoedd. Penderfynodd ymuno â'r* Royal Marines *ac fe gath dipyn o sioc pan sylweddolodd fod y rheiny'n gwneud pethe heblaw dringo. Serch hynny, fe gafodd weld y byd drwyddyn nhw . . .*

*Roeddech chi i fod mynd allan i'r* Himalayas *yn fuan on'd o'ch chi?*

**Sam Roberts:**
Oeddan. O'n ni i fod i fynd diwedd y mis 'ma, ond mi gaethon ni dipyn o siom efo'r sponsors, naethon nhw dynnu nôl ben set, a dyna fo o'ddan ni'm yn ca'l mynd, sy'n siom fawr. Do'ddan nhw ddim yn meddwl bod o werth yr arian iddyn nhw.

*Faint fydde fe 'di gostio?*

O ma' siŵr fasa 'di costio ryw saith deg mil o bunnoedd. Mae'n ddrud iawn yn Tsieina heddiw 'ma.

*Mi glywes i'n ddiweddar ryw ddatganiad am uchder y mynyddoedd 'ma, yn awgrymu nad Everest yw'r mynydd ucha yn y byd mewn gwirionedd. Weloch chi hwnnw?*

Glywis i 'run fath, do. Adroddiad o ryw fesuriadau *satellite* o'dd hwn, wedi'i gymryd ar ben mynydd K2, a hwyrach bod nhw'n berffaith iawn yn deud bod K2 dri chan metr yn uwch nag ydio'n cael ei ddangos ar y mapia, sy'n ei roid o uwchben uchdwr Everest. Ond wrth gwrs dydyn nhw ddim yn deud ydyn nhw wedi mesur Everest o'r un un *satellite*, achos hwyrach bod hwnnw hefyd dri chan metr neu ragor yn uwch na sydd ar y mapiau. Tan i ni ga'l mesur y ddau yn yr un modd, Everest, neu Chongolangmo, ydi'r mynydd ucha'n y byd i mi.

*Pam y'ch chi mor hoff o ddringo? Beth yw'r apêl?*

Dwi'n caru'r mynyddoedd i ddechra, mae hynny'n amlwg. Mallory ers talwm ddeudodd *'Because it's there'*. Rhyw fath o ateb *off the cuff* dwi'n meddwl o'dd hwnnw, i ga'l gwared o bobol. I mi, esgus ydio i grwydro, ca'l mynd i wahanol wledydd a chyfarfod gwahanol bobol, dyna sy'n rhoi mwy o bleser i fi na dim byd arall.

*Allwch chi grwydro i'r llefydd 'ma heb orfod dringo hefyd?*

Wel y cariad at y mynydd sy'n dod i fewn iddi, y dringo ydi'r *bonus*, ma'r ddau beth yn gyfartal, un yn helpu'r llall.

*Cyfarfod â dringwyr erill fyddwch chi'n neud mewn gwirionedd yntê?*

Naci, naci. Cyfarfod â'r bobol sy'n byw yn y wlad. Yn ddiweddar mi ddois i adra o Tibet wedi ca'l hwyl ofnadwy yn cyfarfod y *Tibetans*. O'n i'n siarad yn Gymraeg efo'r *Tibetans* ar y trip dwytha, achos o'n i'n ca'l mwy o synnwyr drwy neud hynny na thrio yn Saesneg hefo nhw.

*O'n nhw'n 'deall chi'n well?*

Mi o'ddan nhw dwi'n meddwl!

*Nawr 'te beth am ych record gynta chi Sam?*

Meic Stevens yn canu *Rue Saint Michel.* Tynnwch *Rue Saint Michel* allan a rhowch rwbath liciwch chi yna yn 'i le fo, mae o jest yn atgoffa fi o dyfu i fyny, y cnesrwydd, cartra a chyfeillion o gwmpas Caernarfon.

\*   \*   \*

*Ond nid Cofi o'r iawn ryw y'ch chi nage Sam, achos fe gawsoch chi'ch geni ym Motwnnog.*

Do, o Ben Llŷn dwi'n dod yn wreiddiol, ond fe symudon ni i Gaernarfon pan o'n i tua phedair oed dwi'n meddwl, felly dwi'n gobeithio ga'i fy ngalw'n Gofi erbyn heddiw 'ma. Ond dwi'm yn siŵr iawn os 'di hynna am ddod.

*O'dd e'n lle braf i fyw, i ga'l ych magu ynddo fe?*

O oedd. Ar lan y môr yn Gaernarfon, ac i'r môr o'dd 'y nghalon inna isio mynd i ddechra. O'dd 'y nhad yn mynd â fi allan ar y cychod samon ac o'dd rheiny'n llawn o hogia hwyliog, Cofis dre go iawn felly. Dwi'n cofio mynd ganol nos unwaith hefo fo, ac o'dd un o'r criw wedi meddwi dipyn bach yn dod ar y llong, a be' nath 'y nhad heb ddim lol ond 'i roid o yn bow y gwch a rhwyfo allan i'r bwi coch, a'i sodro fo yna, ac yno fuo fo am deid o bedwar awr yn sobri. A dwi'n cofio hynna'n iawn –

hogyn bach o'n i, o'n i'n ista'n pen blaen cwch yn coilio rhaffa ac ati, ac yn meddwl bod well i mi fod yn ddistaw fan hyn rhag ofn iddyn nhw neud 'run fath i finna!

*Ond wedyn, beth ddigwyddodd i chi, pan o'ch chi'n rhyw ddeunaw o'd fan'na?*

Wel ia, blwyddyn ola'r ysgol, gaethon ni fenthyg cwch yng Nghaernarfon ac o'ddan ni am hwylio i lawr i Gei Newydd. Mi naethon ni hynna a chael hwyl fawr ar y ffordd, 'sna'm byd gwell na chwch i dynnu genod – *'Come back to my yacht'* teip o beth. Ond ar y ffor' adra'n ôl aethon ni drwy Swnt Enlli, 'di o ddim yn beth doeth iawn i drio cymryd y *short cut* yma, ond mi fentron ni hi. Fel o'ddan ni allan o gysgod Ynys Enlli, dyma chwa o wynt yn dŵad a chwalu'r mast yn deilchion, dau bishyn yn disgyn i'r môr. Panics mawr wedyn – dim am 'bod ni am suddo, ond rhag ofn i rywun ein gweld ni a meddwl basan ni 'di meddwi, achos o'dd gynnan ni ryw fflagons o seidar yng ngwaelod y gwch, o'ddan ni 'di bod yn 'u ca'l nhw ar y ffordd. Dyma luchio'r rhain dros yr ochor rhag ofn i rywun 'u gweld nhw, ond o'dd petha'n mynd o ddrwg i waeth, achos o'ddan nhw ddim yn suddo, jest dilyn ni o gwmpas yn y dŵr. Diwadd y stori o'dd bod 'na helicopter yn dŵad allan, o'ddan ni 'di medru mynd efo hwyl fach bron ym Mhorthdinllaen, a dyma nhw'n gollwng boi ar y dec a hwnnw'n clymu weiran yr helicoptar rownd y postyn ac yn towio ni fewn i Borthdinllaen hefo'r helicopter. Dyna'r cyflyma ma'r gwch 'na rioed 'di trafaelio dwi'n meddwl. A welodd neb y fflagons.

*O'dd hyn yn wers i chi Sam?*

Oedd, mi oedd o dwi'n meddwl. Dysgu parchu'r môr, parchu natur.

*Wrth gwrs, llongwr o'dd ych tad.*

Ia, ia. O'n i wedi ca'l llawer o straeon am y môr gynno fo hefyd, a ma' siŵr gin i mai'r straeon yma rôth yr ysfa i mi fynd i grwydro. Mi ges i flas y môr i ddechra a wedyn blas y mynydd.

*Pryd gawsoch chi flas y mynydd felly?*

A'th 'na ffrind i ni â ni i fyny Grib Goch, o'dd hi'n rhyw ddechra gaea, ac o'dd 'na dipyn bach o eira o gwmpas. Ma'r Grib Goch yn eitha syth i rywun sy ddim 'di bod yno o'r blaen. Mi gaethon ni dipyn o fraw yn croesi ar y top, a chymryd mwy o amsar nag o'ddan ni 'di feddwl i' gneud 'i. Felly yn lle mynd lawr yn ôl i Ben y Pass, lle'r o'ddan ni 'di cychwyn a lle'r oedd y car, gorfod inni fynd lawr i Lanberis. O'dd hi'n nos erbyn hyn a dyma'r dyn profiadol o'dd wedi mynd â ni, 'Iapi' Hughes o dre, yn deud 'Mi awn ni am sgram rŵan'. A dyna fuodd hi, sgram yng ngwesty'r *Padarn Lake*, lle moethus iawn 'radag honno, o'ddan ni rioed 'di bod mewn ffasiwn le byta o'r blaen a ddim yn siŵr iawn lle i ddechra efo'r holl gyllill a ffyrc a hyn a llall. Ac ar ôl y pryd, tacsi *Rolls Royce* yn mynd â ni nôl i Pen y Pass. O'dd y profiad i gyd yn fythgofiadwy i fi.

*A chawsoch chi'm gormod o fraw felly i beidio mynd nôl?*

Na, blas yn fwy na braw gawson ni.

*O'ch chi'n dda wedyn mewn chwaraeon erill pan o'ch chi yn Ysgol Ramadeg Caernarfon?*

Nag o'n, sâl iawn o'n i, er siom i 'nhad. Fuo fo'n *footballer* reit dda yn chwarae i dre ers talwm, ond o'n i'm ca'l llawer o hwyl arni ar sports yr ysgol. O'n i'n miglo'i o'n bob tro o'n i'n ca'l, i fynd i ddringo.

*O'dd 'da chi rywun arall yn mynd 'da chi wedyn i ddringo? Chi'mbod o'dd ych ffrindie chi yn yr ysgol yn deall?*

Gesh i un boi i fynd hefo fi i ddringo. Brian Roberts o dre. Tro cynta nesh i gyfarfod â fo o'dd 'na ffeit ar yr iard rhwng plant ysgol rad a plant ysgol hogia, ac o'dd y ddau o'nan ni yna'n cwffio yn yr iard. Nesh i'm 'weld o am ryw dair blynadd ar ôl hynna. Ond pan gyfarfuon ni eto, aethon ni at 'n gilydd i fynd i ddringo, a phobol dre yn 'gweld ni'n hurt – dim ond y Saeson gwirion 'ma o'dd yn mynd i ddringo 'radag honno yn Eryri, ac o'ddan nhw'n gweld ni'n dau yn hollol hurt yn mynd.

*Ydi pethe wedi newid? O's 'na ragor o hogia'r dre, fel chi'n dweud, yn mynd i ddringo erbyn hyn?*

Oes, ma' 'na lot mwy o hogia'r ardal rŵan yn ca'l mwynhad mawr allan o ddringo. O'dd o'n beth diarth iawn i glywed Cymraeg ar y creigia ers talwm, deg, bymthag mlynadd yn ôl, ond rŵan 'dach chi'n 'glywad o'n eitha amal. Mae'n rhwbath braf.

*Eich ail record chi, Sam?*

Y Beatles, achos o'r ysgol mi esh i i goleg yn Lerpwl, *y Liverpool College of Building.* Ac yn y cyfnod yma o'dd y Beatles yn dechra. Dwi'n cofio gweld nhw yn y *Cavern.*

*O'ch chi'n meddwl y bydden nhw'n gwneud shwt farc?*

O nag o'n. Dim o gwbwl. O'ddan ni'n mynd lawr 'na amsar cinio i wrando ar wahanol grwpiau, ac o'dd hwn yn un o lawar o'ddan ni'n 'clywad lawr 'na. Mi o'dd 'i'n syndod pan naethon nhw mor dda. Ond ma'r cof am y miwsig yna yn gryf ynaf i byth.

*   *   *

*Yn y coleg 'ma'n Lerpwl, lle'r o'ch chi'n astudio Pensaernïaeth, dyna beth o'dd yr awydd, i fynd yn bensaer?*

Ia, o'dd 'na ddewis be' o'dd rhywun isio'i neud yn yr ysgol. O'dd 'na ddim y math o ddiweithdra sy' 'na heddiw 'ma, ac o'dd 'i'n hawdd iawn mynd yn ôl ac ymlaen o golegau. Fuesh i'n coleg yn Lerpwl am flwyddyn, a fues i'n gweithio wedyn hefo pensaer yn Gaernarfon fel rhyw brentis pensaer iddo fo.

*Am faint barodd hwnnw?*

Fuesh i yno am bron i flwyddyn dwi'n meddwl. A wedyn ddoth galwad y mynydd yn gry' eto, ac o'n i isio mynd i ddringo i'r *Alps.* Dwi'n meddwl ma' ryw wythnos ne' hwyrach bythefnos o wyliau o'dd o'n barod i roid i mi, ond 'radag honno o'dd hi'n cymryd bron i wythnos i drafaelio i'r *Alps* i ddechra, ac o'n i isio mis i ffwrdd. O'dd o'n deud, 'Na, ma'n ddrwg gin i, chei di'm mis o wylia – pythefnos neu ddim'. Pan ddes i adra o'r *Alps* mi o'dd y job honno wedi mynd ac mi o'dd isio chwilio am waith arall. Mi esh i'r *Labour Exchange* a dyma'r boi 'ma'n deud, 'Jest y peth ichdi, ti'n licio mynyddoedd – ma' 'na joban handi yn mynd yn Penygwryd'. Iawn. Yna mynd yno.

*Pa job o'dd honno 'te?*

Y gwaith o'dd codi *cesspit* ar gyfar yr *hotel*. Nesh i joinio dau o hogia sy'n dal i fod yn ffrindia i fi, dau ddringwr. O'ddan ni'n gweithio yn ystod y dydd a dringo gyda'r nos a phenwythnosa. Ond be' o'dd yn arbennig am job y *cesspit* yma o'dd mai'r cynllun hwnnw o'dd y joban ddwytha o'n 'i 'di 'neud efo'r pensaer yn Gaernarfon, felly o'dd enw fi ar waelod y plania fel y boi o'dd wedi droio nhw. O'ddwn i'n ceibio i graig solad efo'r ddau hogyn 'ma, a rheiny'n diawlio ac yn deud, 'Pwy uffar sy' 'di rhoi twll mewn ffasiwn le?' A finna'n cochi a pheidio deud dim byd yn cefndir. Ond ar ôl gorffan y tyllu a cha'l deinameit yna i neud y job yn y diwadd, dyma fi'n cyfadda ma fi o'dd yr S.D. Roberts 'na o'dd ar waelod y plania. Do'ddan nhw'm yn siŵr be' i neud yn lle cynta, ond be' naethon nhw'n diwadd oedd gafael ynaf i'n gorfforol a lluchio fi i fewn i'r *cesspit*. Do'dd o ddim 'di ca'l 'i ddefnyddio 'radag honno, ma'n dda gin i ddeud, ond mi o'dd o'n llawn o ddŵr glaw. Ers hynna 'dan ni'n ffrindia mawr.

*Os fysech chi'n cael ddoe yn ôl, fysech chi wedi aros gyda'r cwmni a pheidio mynd i'r Alpau, er mwyn ca'l gwaith a gyrfa?*

Na f'swn. Hwyrach basa gen i rom bach mwy o bres heddiw 'ma, ond fasa'r profiad ddim gen i a dwi'm yn meddwl 'baswn i mor hapus.

*Ond wedyn fe ymunoch chi â'r* Marines *on'd do?*

Do. Yn y cyfnod yma tra o'n i'n gweithio ym Mhenygwryd mi welish i *Landrover* â'i llond hi o *Marines* yn mynd i fyny ac i lawr y Pass. Mi roethon nhw bas i mi i Gaernarfon, ac o'ddan nhw'n deu'tha fi pa mor wych o'dd y fyddin, a finna'n llyncu hi gyd. A peth nesa o'n i'n wbod, o'n i'n mynd i'r *Recruiting Office* yng Nghaer, ac yn ymuno am naw mlynadd. Ac yn y naw mlynadd yna mi o'n i'n chwilio am y pedwar co 'ma nesh i weld yn y *Landrover*, ond dwi byth wedi dod ar 'u traws nhw.

*Amser am record arall, pam y'ch chi 'di dewis y Supremes fan hyn?*

Pan nesh i ymuno â'r *Marines* mi o'n i'n mynd i lawr i Deal i neud y *basic training* a wedyn ymlaen i Lympston i neud y *commando training*. Yn y cyfnod yma mi o'dd y Supremes yn brysur yn y caffis a'r tafarna a'r disgos o'ddan ni'n mynd iddyn nhw yn Deal, a ma' hynna'n atgoffa fi o'r blynyddoedd cynta yn y *Marines*.

\* \* \*

*Yn ddiweddar fe benderfynodd mab ieuenga'r Frenhines adel y* Royal Marines *achos mae'n debyg bod e'n rhy galed iddo neu*

176

*rywbeth fel'na. Gawsoch chi sioc pan aethoch chi i ga'l yr*
*hyfforddiant gyda nhw?*

Do sioc fawr. O'n i'n disgwyl faswn i'n mynd allan yn
Deal neu Lympston ac yn dringo, fel o'dd y pedwar 'ma
'di deu'tha fi pan nesh i gyfarfod nhw yn Pass. A'r sioc
ges i o roid iwnifform amdana, cael gwn a deu'tha fi sut i
fartsio, a phan o'n i'n deud 'Ond isio dringo dw i', gesh i
helynt gin y *Sergeant Major*. A'r peth nesa o'n i'n 'wbod ar
ôl gorffan y *training* a *commando course* a hyn a'r llall, o'n i
allan yn Radfan yn Saudi Arabia. O'dd 'na ryfal yn mynd
ymlaen yn fan'no, ac Arabs yn dechra saethu ataf i.
Finna'n dal i ddeud 'Ond dwi isio dringo'. 'Dos i lawr i
fan'na a chwffio'r Arabs.' Mi o'dd o'n fraw, ond mi nesh
i'r gora ohoni ac mi nesh i enjoio bod yn soldiwr, o'dd
hwnna'n *excitement* yn'o'i hun.

*Felly, fe naethon nhw lwyddo i'ch hyfforddi chi i fod yn filwr go*
*iawn do fe?*

O do. Os na fysa rhywun yn dysgu bod yn filwr, *chances*
fysa byddach chi wedi marw 'sen i'n feddwl. Achos
o'ddan ni ar *active service*, o'dd 'na bobol yn tanio atach
chi.

*A chithe'n tanio'n ôl?*

Wel weithia. Er ma'n rhaid i fi ddeud hon, dydi pawb
ddim yn Rambos felly! O'ddan ni'n mynd fel patrôl
unwaith i ben y mynydd 'ma i roid *ambush* allan. Fel o'n
i'n cyrra'dd copa'r mynydd, dyma fi'n gweld Arab o
'mlaen i. O'n i'n sbiad i fewn i wyn 'i lygad o, a fel ma'r

llyfra'n deud, 'Tania, a dyna fo'i ddiwadd o'. Ond pan nesh i weld o dyma fi'n cachu 'nhrywsus, troi ar yn sawdwl a rhedag i lawr y rhiw yn ôl, a jest iawn â baglu dros yr hogia tu nôl i fi. A syn o beth, ma'n rhaid gin i bod yr Arab 'di neud union 'run fath, achos dwi yma heddiw, ne' fasa fo 'di saethu fi.

*Trueni na fasa hynna'n digwydd trw'r amser, fyse 'na ddim rhyfel wedyn na fase?*

'Tasa pawb yn ca'l ista lawr a dadla am y peth, dwi'm yn meddwl fasa 'na ryfal. Peth gwirion 'di rhyfal yn diwadd yntê. Ond ma' 'na brofiada rhyfadd yn dod allan ohono fo.

*O'ch chi'n teimlo wedi'r hyfforddiant 'ma, a wedi'r cyfnod, 'bod chi'n berson gwahanol? O'n nhw'n anelu at hynny, eich newid chi fel person?*

Oeddan, ond y math o betha o'ddan nhw'n neud, gneud ichi baentio glo yn wyn a rhyw lol fel hyn. Dwi'n cofio'r wsnos gynta nes i gyrraedd yn Deal, o'ddan nhw'n troi chi o fod yn *civilian* i soldiwr, o'n nhw'n mynd â'ch dillad chi i gyd oddi wrthach chi, dillad *civilian*, ac o'dd 'na ddim mynd allan i'r dre am fis dwi'n meddwl. Ond do'n i'm yn hoff iawn o'r syniad yna, felly cyn iddyn nhw fynd â 'nillad i allan mi nesh i ddringo dros ben wal y noson gynta neu'r ail, achos o'n i'n ffansïo mynd am dro i weld pwy o'dd yn byw yn Deal, a chyfarfod pobol *Kent*. Ond ar y *restricted priviledges* o'n i am wsnos, ar ôl dod yn ôl i fewn trw'r *guard room* wedi cael peint ne' ddau efo'r *Kentians*.

*A sut brofiad o'dd hwnnw? Beth o'ch chi'n gorffod neud o dan y gosb 'ma?*

Rhyw bolisio potia piso dan gwlâu a phetha felly, neud y gwlâu yn berffaith, *psychology* yn ych erbyn chi. 'Tasach chi'n coelio nhw fasach chi 'di torri lawr, ond o'n i'n medru chwerthin am 'ben o, a jest mynd ymlaen efo fo. Tra o'n i'n neud o, o'n i'n ca'l tâl, do'dd hi'm yn ddrwg.

*Ond wedyn wrth gwrs, y fantais o'dd ych bod chi 'di ca'l teithio tipyn.*

Wrth gwrs. Tra o'n i yn Aden, gesh i fynd ar *expedition* i ddringo *Mount Kenya*, a mwy o betha felly fel o'n i'n mynd trw'r amser yn y fyddin.

*A wedyn fe eloch chi i Malaya on'd do? Beth yn y byd o'ch chi'n neud yn Malaya?*

Fues i'n byw yn Malaya am ryw ddwy flynedd a hannar, ac o'n i rŵan wedi ca'l profiad o'r jyngl. Nesa i'r mynyddoedd dwi'n meddwl ma'r jyngl ydi'r cariad nesa.

*Ie wir?*

Mae o'n wych o le. Ma'r teimlad yn ffantastig bod i mewn o dan ganopi gwyrdd y coed. Be' o'n i'n neud yno oedd hyfforddi mewn *jungle warfare*, yn arbennig mewn *visual tracking*. O'dd yr *Americans* yn dod atan ni o Fiet-nam i ga'l rywfaint o hyfforddiant mewn *jungle warfare* cyn mynd i ymladd i Fiet-nam.

*Sut fath o beth ydi'r* visual tracking *'ma?*

Dach chi 'di gweld lluniau cowbois ac *Indians*, a ma'r *Indian* yn deud '*Many white men pass here, many moons ago*'. Wel, 'dach chi jest yn edrach a darllan y llawr, y brigyn sydd 'di malu. Ma' 'na blanhigion arbennig yn y jyngl sydd yn plygu at 'i gilydd os basa rhywun yn sathru arnyn nhw, a wedyn ma'n nhw'n ail-agor mewn rhyw ddwyawr. Math yna o beth. Allwch chi ddarllan llwybr yn y jyngl wrth bod 'na gymaint yn tyfu yna, ar ôl i rywun roi ei droed arno fo mi fedrwch chi weld y cwrs ma'n nhw 'di gymryd.

*Ac fe allwch chi amseru'r peth hefyd, pryd ethon nhw, math o beth?*

Mwy neu lai, medrwch.

*O'ch chi'n cymysgu nawr gyda'r milwyr 'ma o Fiet-nam. O'dd 'da nhw neges i chi o gwbwl, o'n nhw'n mwynhau'r rhyfela yn Fiet-nam?*

O, ddim o gwbwl. O'dd o'n bechod gen i 'gweld nhw, achos o'dd 'na lot yn gaddo basan nhw'n cadw cysylltiad ond dim ond un ne' ddau nath, ac o'n i'n clywad am un ne' ddau arall fysa wedi gneud 'tasan nhw 'di para i fyw. O'dd hi'n drist gweld hogia ifanc yn mynd o America yn llawn calon, ac yn coelio yn be' o'ddan nhw'n neud. Ac mi o'n i'n gwbod yn'a fi'n hun nag o'dd 'na ddim dyfodol o gwbwl i'r math yna o gwffio.

*Y'ch chi 'di dewis* Bugail Aberdyfi *nesa, Sam.*

Wel do, fel ma'n nhw'n deud 'Gora Cymro, Cymro oddi cartref', ac yn y cyfnod o'n i yn Malaya o'dd rhywun yn meddwl am gartra yn amal, a dyma un o'r recordia o'n i'n hoffi chwarae yno.

*   *   *

*Naw mlynedd yn y* Marines. *Chi ddewisodd adel ne' o'dd ych cyfnod chi 'di dod i ben?*

O'dd y cyfnod i ben. Mi gesh i gynnig i aros ymlaen, ond oedd y gorllewin pell a'r gorllewin canol wedi cau lawr. O'dd yr *Empire* yn cau drysa, a'r dyfodol fel o'n i'n gweld hi o'dd i fynd i Belfast i drio bod yn soldiwr yn fan'na am ryw ddwy flynadd, ond do'n i'm yn gweld hynna yn ffordd soldiwr o gwbwl. Gesh i flas ar Belfast ryw ddwywaith a 'to'n i'm yn hitio llawar amdano fo.

*Saethoch chi rywun yn farw erioed gyda llaw?*

Dwi'm yn gwbod, 'swn i'm yn licio deud.

*Wedyn dod nôl i Gymru. O'dd hi'n anodd setlo gwedwch ar ôl yr holl deithio 'ma?*

Oedd, o'n i'm yn gwybod beth o'n i'n neud efo fi'n hun deud gwir 'thach chi. A fel ma' petha'n digwydd mi o'ddan nhw isio Warden yn Parc Cenedlaethol Eryri, a 'ma fi'n deud, wel ma' hwnna'n swnio i'r dim i mi. Gwaith Warden ydi crwydro mynyddoedd, cyfarfod y bobol sy'n defnyddio'r mynyddoedd a rhoi cyngor iddyn nhw, a hefyd i fynd ar ôl y bobol sy' bia'r mynyddoedd,

181

sef y tirfeddianwyr felly, cynghori'r rheiny a helpu nhw allan os oes 'na rwbath wedi bod yn digwydd hefo pobol sy'n dod ar 'u tir nhw.

*Y'ch chi'n brysur trw'r flwyddyn y'ch chi?*

O ydan. Ma' pob penwythnos ar yr Wyddfa yn un prysur.

*Allwch chi roi enghraifft i ni nawr o ddiwrnod gwaith, dwedwch chi yng nghanol gaea. Beth y'ch chi'n neud gynta yn y bore?*

Penwythnos nesa rŵan, ma'r dydd yn cychwyn am tua 7.30, felly ca'l penawdau'r tywydd o Gaerdydd, a wedyn rhoid nhw allan ar bob un llwybr sy'n anelu am yr Wyddfa. Ar ôl neud hynna, mynd i gyfarfod y bobol sy'n mynd i ddefnyddio'r llwybrau, mynd am dro i ben Wyddfa, a rhoi cyngor iddyn nhw fel 'dach chi'n 'u gweld nhw felly.

*Pa mor brysur y'ch chi 'di bod eleni, achos wrth gwrs, rhan o'r gwaith ydi achub pobol hefyd yntê?*

Ia wrth gwrs. Un sâl dwi am gadw cownt o betha, ond dwi 'di bod yn cwrt y Crwner ddwywaith eleni, mewn cwest ar bobol sy' wedi ca'l 'u lladd ar yr Wyddfa. Ma' hynna'n rhoi rhyw amcan pa mor brysur ydi'n medru bod yna.

*Chi'n ca'l ych synnu gan dwpdra pobol sy'n mentro i fyny heb wisgo pethe iawn?*

Yndw. Ac eto nag'dw. Ar ôl bod yn yr *Himalayas* leni, a gweld y *Tibetans* yn mynd i fyny mewn *baseball boots* i uchdwr o dros ugian mil o droedfeddi, fedra'i ddim deud y drefn wrth bobol sy'n ceisio mynd i ben yr Wyddfa yn yr ha' mewn *plimsolls.* Be' fydda i'n gredu ydi, ma' pawb yn medru gneud be' ma'n nhw isio. Ma'r hawl gynnon nhw i neud be' lician nhw. Ond be' dwi ddim yn licio ydi pan ma' un person â gofal o griw o blant, ac mae o'n mynd â'r plant 'ma i ddiffygion ar yr Wyddfa. Fydda i'n rhoid cyngor pendant i'r bobol hynny.

*Nawr 'te, ych record nesa. Chi 'di bod yn Ne Amerig ac y'ch chi 'di dewis record â naws y rhan honno o'r byd,* Cachapaya *gan Incantation.*

\*    \*    \*

*Wrth gwrs y'n ni'n cofio'ch gweld chi ar S4C ar y mynyddoedd ym Mhatagonia.*

Ia, o'dd y gân 'na yn dod ag atgofion cynnas iawn o Batagonia. Gawson ni hwyl arbennig o dda. Cyfarfod Cymry Patagonia a'r *gauchos,* o'dd o'n wych.

*Ond fuoch chi ddim bob noson mewn gwesty, naddo Sam?*

Naddo ma' hynna'n eitha gwir. Ar ôl un noson o gyfarfod y *gauchos* 'ma, neu'r cowbois Cymraeg, o'ddan ni hwyrach 'di ca'l dipyn bach gormod o win, ac ar y ffordd yn ôl i'r gwesty o'dd Dafydd y dringwr arall a finna yn trio rhoi cân. Fedran ni ddim canu i safio'n bywyd, ond dyna fo, hwyrach mai dyna'r rheswm am be'

183

ddigwyddodd wedyn! Ddoth 'na *militar policia* atan ni efo *machine gun*, ac o'dd gynno ni ddim Sbaeneg a fo ddim Cymraeg. O'dd o'n anelu'r gwn y ffordd o'dd o isio i ni fynd, ac o'ddan ni'n meddwl, well inni ddilyn y ffordd mae'n anelu'r gwn rhag ofn iddo 'nelu o atan ni. A lle gyrhaeddon ni'n y diwadd oedd y carchar yn Nhrelew, a heb ddim esboniad 'mond na ddylsan ni ddim canu, ac o'ddan ni'm yn meddwl bod ni'n canu mor ddrwg â hynna! Ond i fewn i'r carchar â ni, ac o'dd o'n lle rhyfadd, carchar i bobol 'di meddwi o'dd o, dwi'n meddwl. O'dd 'na lond cell o gowbois 'di meddwi drws nesa i ni, ac yn ystod y nos o'ddan ni 'di dysgu *Fflat Huw Puw* a *Trên bach y Wyddfa* iddyn nhw, o'dd 'na gôr mawr yn mynd ymlaen yn y carchar.

Ond bore wedyn ddaeth, a dyma nhw'n mynd â ni o flaen y *magistrado*, a mi ddoth 'na ddyn o'r siop bwtsiar dros ffordd yno, Cymro Patagonia, a fo o'dd yn cyfieithu o be' o'dd y *magistrado* yn 'ddeud wrtha ni, a ninna'n deud yn ôl drwyddo fo i'r Sbaeneg. Ar ôl gweld bod 'na gamddealltwriaeth wedi bod, dyma'r *magistrado* yn deud wrth 'i *aide* am fynd â ni am banad o de i'r caffi lawr lôn, a dyna ddiwadd y stori! Mi o'dd honna'n noson fythgofiadwy yn y carchar yn Nhrelew.

Ond yn waeth hefyd, mi oedd y cynhyrchydd, Selwyn Roderick, yn rhoi croeso i Owen Edwards, pennaeth S4C, yr un diwrnod. Wrth gwrs mi o'dd o'n gofyn lle ma'r cleimars. Dwi'm yn siŵr iawn be' o'dd esgus Selwyn, ond dwi'm yn meddwl nath o ddeud 'bod ni'n y carchar!

*A dyna ninne hefyd y bore 'ma Sam wedi dod i ddiwedd ych stori chi, ac fel record ola chi 'di dewis* Blowing *gan y Jess Roden Band.*

Do, am 'bod hi'n atgoffa fi o'r teulu, 'y ngwraig Sheila a dau blentyn bach, Joe a Jane. Do's 'na ddim problem na fedran ni trw'n cariad ddim dod drosti.

*A pha mor hapus y'n nhw wrth ych gweld chi'n mynd ar y teithie 'ma ac i ddringo?*

Tydyn nhw ddim, ond 'bod nhw'n dallt bod well i fi ga'l mynd na bod yn bigog adra! 'Dan ni'n deall ein gilydd yn iawn, yndan.

# 'Ma'r chwerthin a'r dagrau yn gwmws fel 'i gilydd'

## *Dafydd Rowlands*

**Archdderwydd, Bardd, Llenor**

**Darlledwyd:** 1 Awst, 1996

**Ailddarlledwyd fel teyrnged:** 29 Ebrill, 2001

### Cerddoriaeth:
1. *Pethau*: Gorky's Zygotic Mynci
2. *When I fall in love:* Nat King Cole
3. *Lacrimosa*: Requiem Mozart
4. *Y Cwm*: Huw Chiswell

**Beti George:**

*Does dim person yng Nghymru'r wythnos hon sy'n bwysicach na'r un sy'n gwmni i mi heddi. Dyw e ddim yn or-hoff o fod yn berson cyhoeddus. Eto fe fu'n weinidog am bedair blynedd ac yn y byd addysg am gyfnod hirach na hynny. Mae wedi ennill dwy Goron ac un Fedal Ryddiaith, a chlod a bri am gynhyrchu un o hoff daffis S4C, sef* Licris Alsorts. *Do's 'dag e ddim i'w ddweud wrth wleidyddiaeth, ond beth yw amddiffyn grwpiau pop Cymraeg yn canu yn Saesneg ond gwleidyddiaeth? Fe fentrodd wneud hynny, ond ma' 'dag e* vested interest *gan fod ei fab yn ddrymiwr o fri. Oes, mae ganddo bedigri anghyffredin i ymgymryd â'r uchel swydd, yr Archdderwydd.*

*Ydw i fod i'ch galw chi'n Hybarch ne' rwbeth fel'na nawr?*

**Dafydd Rowlands:**

Gwnewch chi fel y mynnoch chi ond ma'n gas gen i deitle, 'Hybarch' yn arbennig felly. O'n i ddim yn hoffi 'Prifardd' – o'dd yn gas gen i glywed pobol yn fy nghyfarch i fel Prifardd. Parchedig wedyn – 'wi'm yn licio'r teitle Beti, ddim o gwbwl.

*Wel am ddechre anghyffredin – yr Archdderwydd yn amddiffyn grŵp pop yn canu yn Saesneg. [Gorkys's Zygotic Mynci,* grŵp ei fab Euros, adeg Eisteddfod Genedlaethol Bro Dinefwr] *Chi'n teimlo'n gryf obitu'r mater?*

'Wi ddim yn siŵr 'mod i yn 'u hamddiffyn nhw, yn 'u cefnogi nhw yn sicr. Wna i'm gweud bo' fi'n teimlo'n gryf ynglŷn â'r peth – ca'l yn siomi ydw i mewn llawer cyfeiriad. Ca'l yn siomi yn y bobol hynny ymhlith y Cymry Cymraeg sy'n dweud na ddyle rhywun fod yn canu yn Saesneg. 'Wi'n credu bod gyda nhw berffeth hawl i ganu ym mha iaith bynnag ma'n nhw'n 'i dewis. 'Wi'n credu bod e'n hollol amlwg bod gan unrhyw fath o artist lle bynnag mae e'n perfformio yr hawl i ganu, os mai canwr yw e, yn yr iaith mae e'n dewis canu ynddi.

*A wedyn teitle'r grwpie 'ma, ma' hynny wedi dod o dan y lach hefyd on'd yw e? Beth am yr enw Gorky's Zygotic Mynci?*

Ie, peidiwch â gofyn i fi egluro, do's 'na ddim eglurhad. 'Wi wedi gofyn i'r bechgyn beth yw tarddiad yr enw, a 'wi ddim yn credu bod nhw'u hunen yn gwbod yr ateb i'r cwestiwn hwnnw – dewis rhyw eirie, rhyw bethe bach yn codi, fel ma' rhywun yn barddoni efalle. Dyw e'm yn golygu dim byd, ond mae'n enw pert hefyd. Mae'n enw barddonol dros ben. O'n i'n falch fod yr enw Gorky yn dod mewn iddo fe. Mae e'n cysylltu â'r byd llenyddol felly, ond am y pethe erill, mae 'na bobol sy'n dweud taw *psychotic* y'n nhw. Mae 'na wahaniaeth on'd oes, ond peidiwch â gofyn i fi beth yw'r gwahaniaeth.

*A fyddan nhw'n canu yn yr Eisteddfod?*

Byddan, ma'n nhw'n canu ddwywaith. Ma'n nhw'n canu tu fas i faes yr Eisteddfod. Ma' *gig* gyda nhw yn Crosshands 'wi'n meddwl, a 'wi'n gobeithio y ca'i gyfle i fynd 'na gyda'r nos, a ma'n nhw hefyd ar y Maes, ar y dydd Sadwrn. Ma'r Super Furry Animals ar y Maes hefyd.

*Fyddan nhw'n canu'n Saesneg? Y'ch chi 'di gofyn iddyn nhw beidio fel Archdderwydd? Ma' 'da chi bŵer nawr!*

Na, does gen i ddim pŵer dros 'y mhlant a grwpie roc 'wi'n siŵr, ond 'wi wedi gofyn be' ma'n nhw'n bwriadu neud pan fyddan nhw ar y Maes, oblegid wedi'r cwbwl ma' 'na reol Gymraeg lle ma' Maes yr Eisteddfod yn y cwestiwn. O'n i'n teimlo y bydden nhw'n ddigon doeth i beidio â chanu caneuon Saesneg ar y Maes. Dwi wedi siarad â'r mab dros y ffôn, a mae e'n gweud o'n nhw wedi penderfynu, cyn 'mod i'n gofyn y cwestiwn iddyn nhw, taw Cymraeg fydd 'u caneuon nhw ar Faes yr Eisteddfod.

*Y Super Furries yn dod gyda'u tanc sy' 'di creu cymaint o ddiddordeb yn Lloegr oherwydd bod y tanc 'ma â geirie Cymraeg ar ei draws e. 'A oes heddwch' yw'r geirie ondife?*

Ie'n hollol.

*'Tasen nhw'n dod â'u tanc i'r llwyfan fydde dim eisie i chi weiddi 'A oes heddwch?' wedyn, fydde fe?*

Na fydde wir. Falle fydd eisie tanc arno i 'n amddiffyn i cyn diwedd yr wthnos, 'wi ddim yn gwbod. Ond 'wi'n credu bod e'n syniad da dod â'r tanc i'r Maes – fydde 'na brobleme dod ag e i'r llwyfan 'wi'n siŵr. 'Wi ddim yn darllen y papur 'ma'n amal iawn, ond ma'r *Melody Maker* bore 'ma yn sôn am y Steddfod am y tro cynta yn 'i hanes, ac yn sôn am Archdderwydd a chefnogaeth yr Archdderwydd i'r Super Furry Animals Ac wrth gwrs fydden i'n falch iawn fod y tanc yno. 'Wi'n cofio sgwennu cerdd ynglŷn â thanc flynyddoedd yn ôl, yn y Fflint yn 1969 mewn gwirionedd, pan o'dd tancie yn mynd i ddinas Prâg, ac o'dd pobol ifanc yn rhoi blode ym maril y gwn. Wel ma'n dda gweld 'A oes heddwch?' ar faril gwn, a dwi'n croesawu hynny yn sicr.

*Felly'ch record gynta chi. Beth yw 'i'n mynd i fod, Dafydd?*

Ma' rhaid i fi ddewis, mae'n debyg, o fewn y teulu. 'Wi ddim yn wrandawr cerddoriaeth roc fel y cyfryw, ond 'wi'n cymryd mwy o ddiddordeb erbyn hyn, a fydde'n dda gen i glywed y Gorkys yn canu *Pethau*.

\* \* \*

*Y Gorkys, a* Pethau *o'r albwm Fingers with Zylophones. Felly ma'n nhw'n hoffi'r 'pethe' Dafydd?*

Alla'i ddim a sôn am aelodau erill y grŵp, mi alla'i sôn am 'y mab yn hunan, 'i fod e wedi'i fagu yn sŵn y 'pethe'. Sŵn digon pell falle ar brydiau, 'wi'n siŵr nad yw e ddim wedi ca'l 'i fagu yn y ffordd draddodiadol Gymreig o steddfode a rhyw bethe felly. Ond yn sicr ma'n nhw'n gwbod beth yw Cymreictod.

*Wrth gwrs o'dd eisteddfod yn rhan o'ch magwraeth chi ym Mhontardawe. Ond o'ch chi ddim yn or-hoff o gystadlu?*

Ddim felly. Doedd 'na ddim steddfode bach cyson fel sy', gwedwch yn y wlad, lawer ohonyn nhw wedi para. Ond mi roedd 'na un steddfod yn y cylch, 'wi'n cofio amdani'n dda iawn. Steddfod o'dd yn ca'l 'i threfnu bob blwyddyn gan gapeli Annibynnol godre'r Mynydd Du. Rhyw ddeuddeg o gapeli falle, yn cystadlu yn erbyn 'i gilydd. A mi ges i'n magu yn y steddfod honno. Do'n i ddim yn adroddwr da iawn, ond o'n i'n ganwr bach digon teidi.

*Ie*, boy soprano, *alla i'm dychmygu'r peth Dafydd!*

Mae e'n anodd dychmygu! Fydde'n dda gen i pe bawn i'n gallu cyrraedd nodau uchel, ond dwi ddim wrth gwrs erbyn hyn. Ond o'dd 'y nhad wedi bod yn ganwr hefyd – soprano, a mewn gwirionedd mi 'nillodd yn y Genedlaethol. O'dd 'da ni *National Winner* yn y teulu felly. Mi 'nillodd unawd soprano i fechgyn yn Eisteddfod Castell-nedd 1918. A mi ges i'n magu i neud yr un peth. O'dd gen i lais bach digon derbyniol mae'n debyg, ac o'n i'n mynd i ga'l gwersi canu gan John Edwards, dda'th yn gynhyrchydd recordiau *Qualitone* ymhen blynyddoedd. O'n i'n mynd yn wythnosol i ga'l gwersi ganddo fe ac yn canu mewn cyngherdde yn y capel ac yn y bla'n. Ond o'n i ddim yn hoffi sefyll o flaen cynulleidfa. O'dd Mam wedi gweud 'tho i wrth gwrs i edrych ar y cloc ar gefn y galeri. A mi 'nilles i ambell i wobr hefyd mewn steddfode ysgol am ganu.

*Fydd 'na ddim cloc o'ch blaen chi yr wythnos nesa 'na fydd e?*

Na. Gobeithio bydd 'na ryw gloc mewnol yn gweud 'tho i bod hi'n bryd i ti dawelu nawr Rowlands, ac arwain pawb oddi yna.

*Felly 'dych chi ddim yn hoffi bod yn berson cyhoeddus?*

Mae'n syndod 'mod i wedi treulio llawer iawn o amser yn sefyll o fla'n cynulleidfa – mewn pwlpud, o fla'n dosbarth o fyfyrwyr gwedwch, neu'n darllen barddoniaeth o fla'n cynulleidfa. Ond na, alla'i ddim â dweud 'mod i'n esmwyth yn gwneud hynny. 'Wi'n 'i neud e, ond godde'r peth ydwi mewn gwirionedd.

*Ma'r rhan fwya o'r bobol sy' 'di dod ar y rhaglen 'ma yn dweud am 'u plentyndod, fod e 'di bod yn blentyndod hapus. Y'ch chi'n cyfadde nad o'dd ych plentyndod chi yn hapus iawn mewn gwirionedd, o'dd e?*

Na, a siarad yn gyffredinol do'dd e ddim. O'dd 'na reswm dros hynny. Pan o'n i'n grwt bach deg o'd, jest cyn 'mod i'n mynd i'r Ysgol Ramadeg, mi benderfynodd fy nhad 'i fod e'n gadel 'i deulu. Mi a'th i fyw yn rhywle arall, ac felly fe'm hamddifadwyd i fel crwt bach. O'dd gen i frawd hefyd, o'dd saith mlynedd yn hŷn, ond o'n i'n rhyw grwt bach deg oed ar drothwy yr yrfa 'ma mewn Ysgol Ramadeg, pan ma' rhywun isie tad. O'dd gen i dad deallus iawn, ond fe'i collwyd e yn y cyfnod 'na. A wedi 'ny am flynyddoedd lawer o'dd absenoldeb 'y nhad yn effeithio'n fawr iawn arna i. Beth sydd yn od iawn yw nad wy' ddim yn cofio rhyw lawer iawn am y peth. Ma' 'na rywbeth yn y meddwl 'ma, mae'n debyg, sydd wedi cloi'r drws ar ryw atgofion fydde gan rywun yn normal o fywyd teulu, ac mae'n syndod cyn lleied 'wi'n 'i gofio, dwedwch o'r amser o'n i'n wyth falle, oblegid o'dd 'na ryw anghytgord ar yr aelwyd bryd hynny. Ond fe dda'th y cwbwl i ben pan o'n i'n ddeg, ac mi barhaodd hwnna drwy gyfnod ysgol a chyfnod coleg. Hyd yn o'd pan o'n i'n ddyn, ches i ddim gwared ar yr ymdeimlad 'ma bod rhywbeth wedi bod yn isie yn 'y mhlentyndod i. Ac o'dd hynny'n peri 'mod i'n anhapus iawn ac yn fewnblyg dros ben.

*Felly o'ch chi'n ymwybodol fod 'na anghytgord ar yr aelwyd?*

O oeddwn. Mae'n anodd ichi guddio cweryl oddi wrth blentyn ar aelwyd. Ac o'n i'n ymwybodol iawn o hynny. O'dd 'na gyfnode pan o'dd 'y nhad yn diflannu beth bynnag, o achos yr anghytgord 'ma, beth bynnag o'dd y rheswm. O'n i'n anniddig iawn ar yr aelwyd, a wedi'ny mi dda'th yr anhapusrwydd mawr 'ma. Nid bod 'y mhlentyndod i wedi bod yn llwyr annedwydd wrth reswm. O'dd 'na brofiade hapus dros ben, a 'wi'n cofio ambell i beth felly. 'Wi yn cofio'r pethe bach difyr yn yr ysgol, o'dd gen i ffrindie newydd yn yr Ysgol Ramadeg, ac mae 'na atgofion pleserus felly. Ond yn gyffredinol o'dd e'n blentyndod digon anhapus, a bod yn onest.

*A mynd i Lunden i fyw nath e ife?*

Ie, mynd i Lunden. Mi dda'th nôl ymhen amser.

*Ond pam mynd i Lunden, o feddwl am y dyn diwylliedig yma o'dd yn ymhel â'r pethe?*

'Wi'n credu taw dihangfa oedd e. O'dd e'n ddiwylliedig yn yr ystyr 'i fod e'n hoffi ysgrifennu. O'dd e'n rhigymu os nad barddoni, ac o'dd e'n dal i ganu . . .

*A wedi gweitho yn y gwaith tun?*

O ie. Mi gafodd addysg uwchradd a 'wi'n cofio yr Athro T.J. Morgan yn sôn 'tho i amdano fe flynyddoedd yn ôl. O'dd e'n nabod 'y nhad yn dda iawn, wedi bod yn yr ysgol gydag e, ac mewn steddfode pan o'dd T.J. yn adrodd a 'nhad yn canu. Ro'n nhw'n ffrindie. Ac o'dd T.J. bob amser yn 'i ganmol e fel dyn diwylliedig, dawnus dros ben. Mi enillodd yn yr Eisteddfod Genedlaethol ym Mhen-y-bont ar Ogwr, 1948 fydde hynny, os ydw i'n cofio'n iawn. Ddylwn i fod yn gwybod blynyddoedd steddfode, a fydda i'n gorffen 'y nhymor ym Mhen-y-bont ar Ogwr. Yno'r enillodd e ar gyfansoddi drama un act. Ond yn Llunden o'dd e'n byw bryd hynny. O'n i'n mynd i'r Ysgol Ramadeg yn 1943, felly o'dd 'y nhad wedi bod yn Llunden ers pum mlynedd.

*Welsoch chi e wedyn? O'ch chi'n cwrdd ag e yn gyson?*

Na, wnes i ddim torri gair 'dag e fyth wedyn. O'dd e'n dod nôl i Bontardawe am dro gan fod 'i dad yn dal yn fyw – o'dd 'i fam wedi'i chladdu erbyn hynny. Fydden i yn 'i weld e gwedwch yn y pentre o bell, ond am ryw reswm fuodd 'na ddim cyfarfyddiad o gwbwl. Pan ddechreues i bregethu, o'n i yn y chweched dosbarth yn pregethu pregeth brawf ym Mryn Seion, Gelli Nudd, hwnnw o'dd capel teulu 'nhad. Pan o'n i'n pregethu 'y mhregeth brawf yn ddwy ar bymtheg oed, ges i wybod wedyn bod 'y nhad yn y lobi yn gwrando'r bregeth. Ma' hwnna'n beth trist iawn, bod e 'di dod i wrando ar 'i fab yn pregethu, ond nath e ddim ymddangos yn yr oedfa o gwbwl. Ond o'dd hi'n berthynas od felly.

*Hynny yw, o'ch chi'n 'i feio fe siŵr o fod o'ch chi?*

O oeddwn. O'n i ar ryw olwg yn 'i gasáu e pan o'n i'n blentyn, nid am bod e wedi gadel Mam yn gymaint â 'ngadel i. Dyna fel o'dd plentyn yn gweld y peth, pan o'dd tade 'da'n ffrindie ac o'n nhw'n ymffrostio yn yr hyn o'dd 'u tade nhw wedi gneud. Do'dd gen i ddim ymffrost o gwbwl ac o'n i yn teimlo rywsut 'mod i wedi'm hamddifadu yn fawr iawn o rywbeth gwerthfawr dros ben.

*Achos ma'n beth tipyn mwy cyffredin erbyn hyn nag o'dd e bryd hynny on'd yw e?*

Do'dd ysgariad ddim yn beth cyffredin bryd hynny adeg y rhyfel. Erbyn hyn mae e wrth gwrs. Hyd yn o'd yn y Steddfod, chi'mbod, fydda'i ddim yn siŵr pan fydda i'n siarad â rhywun a fydda i'n gorfod gofyn, 'Pwy yw dy wraig di erbyn hyn nawr?' Mae 'di dod yn beth cyffredin ac erbyn hyn dyw plant ddim yn diodde cyment. Dwi'n dal i gredu bod plant yn ddiodde yn seicolegol, ond nid i'r un gradde ag o'dd plant slawer dydd, pan o'dd y toriad yn llwyr, a fydde 'na ddim unrhyw fath o gyfathrach wedyn rhwng plant a'r rhiant.

*Achos ma' rhai pobol yn dadlau wrth gwrs, os oes 'na dad a mam sy'n cweryla, bod y plant yn well 'u byd petaen nhw yn gwahanu.*

'Y nheimlad i bryd hynny pan o'n i'n blentyn o'dd y bydde'n dda gen i glywed rhagor o gweryla, a bod 'y nhad i yma.

*Nawr 'te 'chi wedi dewis Nat King Cole yn canu* When I fall in love. *Ma' hyn yn dweud rhywbeth am ych priodas chi . . .*

Ddim o angenrheidrwydd! Ond odi, fel mae'n digwydd. Fel o'n i'n dweud, ma' dyn yn mynd i'r Steddfod ac yn gofyn, 'Wel gyda phwy wyt ti'n briod ar hyn o bryd?' Fel

195

mae'n digwydd rwy'i 'di bod yn ffodus iawn bo' fi'n briod â'r un ferch o hyd.

*Ai bod yn ffodus yw e, neu y'ch chi'n gweithio wrthi hefyd?*

O ma'n rhaid, wrth gwrs bo'n rhaid gweithio. Dyw priodas ddim yn hawdd bob amser yn sicr. Ond ry'n ni 'di dod drwyddi os gwedson nhw, ar ôl ryw dri deg saith o flynyddoedd o briodas. Ond 'wi'n cofio pan o'n ni'n caru, diwedd y pumdege o'dd hynny, yr hoff gân o'dd Nat King Cole. A ma'r gân wedi para'n ffefryn, a ma'r record 'na 'da fi o hyd, yr hen 78, yn grair ar y *mantlepiece* erbyn hyn wrth gwrs!

\* \* \*

*O'ch chi'n anhapus yn yr ysgol gynradd, fel nethoch chi awgrymu, oherwydd ych cefndir chi. Ond hyd yn o'd yn yr Ysgol Gynradd, ry'ch chi 'di sgrifennu am yr athrawes, 'Cansen hen fwgan o athrawes am anghofio golchi fy nwylo'. O'dd hi'n dal yn fyw pan sgrifennoch chi'r geirie 'na?*

'Wi'm yn cofio sgwennu'r geirie, lle ma'r geirie 'na gwedwch chi?

*Wel, 'wi 'di ca'l nhw'n rhywle.*

'Wi'n cofio'r profiad yn sicr. 'Wi ddim yn cofio p'un a o'dd y fenyw fach 'ma byw pan sgwennes i'r geirie. Mewn gwirionedd, 'wi'n cofio'r athrawes honno'n dda iawn. Ymhen blynyddoedd o'n i'n darganfod 'bod 'i'n ddiacones gyda'r Methodistiaid Calfinaidd ym Mhontardawe.

*Ai dyna'r rheswm felly?*

Efalle! Ond mi ges i gansen. O'n ni'n ca'l bathodyn *'Clean hands'*, gyda llun dwy law, a o'n ni'n gwisgo'r bathodyn 'ma'n yr ysgol, a wedi 'ny ar ddiwedd amser chwarae o'dd raid i chi olchi'ch dwylo cyn dod nôl i'r dosbarth. Wel o'n i 'di anghofio gwneud hynny, ac o'dd baw ar 'y nwylo i, ac felly mi ges i gansen, a 'wi'n cofio'r gansen hyd heddi.

*O'ch chi'n fachgen bach sensitif?*

Siŵr o fod. O'n i'n un bach tawel iawn. 'Wi'n credu eto, achos y cefndir.

*Pryd ddethoch chi mas o'ch cragen?*

'Wi'n siŵr 'mod i 'di dechre dod mas o 'nghragen pan o'n i gwedwch rhyw ddwy ar bymtheg, rhywbeth felly, ond dim ond **dechre** dod mas o 'nghragen. A 'wi'n gwybod pam i hyn ddigwydd yn yr Ysgol Ramadeg. O'dd ofn athrawon arna'i am ryw reswm, o'n i bob amser yn teimlo 'mod i'n ca'l fy erlid. Hollol paranoid falle. Ond wedyn mi ges i athro newydd. 'Wi 'di sôn am yr athro yma droeon a thalu teyrngede iddo fe, y diweddar Eic Davies. A pan dda'th Eic, o'dd e mor wahanol i bob athro arall o'n i 'di ga'l, a 'wi'n credu bod 'y nyled i, yn seicolegol hyd yn oed, yn fawr i Eic, oblegid mi ddechreuodd Eic 'y nhynnu fi mas o'r gragen 'ma. Gweud 'tho i 'Mi ddylet ti fod yn sgrifennu' ac yn y blaen. 'Wi mo'yn i ti sgrifennu hyn' a 'sgrifennu'r llall', a mi ddechreues i neud hynny a chael 'y nghanmol gan Eic wrth gwrs, ac o'dd ca'l canmoliaeth felly yn rhoi rhyw gyment o hyder newydd imi. A man'ny ddechreues i ddod mas o 'nghragen. Ond mi gymerodd flynyddoedd wedi hynny a bod yn onest.

*O'n nhw'n magu'r ymwybyddiaeth yma ynddo chi yn yr ysgol o'r diwylliant o'dd o'ch cwmpas chi? O'dd e'n fwrlwm o ddiwylliant on'd o'dd e, y cwm?*

O'dd, o'dd 'na ddiwylliant. Ond 'wi'm yn meddwl 'mod i 'di ca'l dim byd felly o gyfeiriad yr Ysgol Ramadeg, hynny yw o'dd 'i'n addysg Saesneg 'i hiaith, ac o'dd hi'n Saesneg 'i phwyslais hefyd. O'dd 'na bwyslais yn ca'l 'i roi ar y ddrama, a chynhyrchu dramâu ac actio, ac o'dd hynny'n beth braf, a 'nes i ddechrau mwynhau hynny. Ond o'dd Eic yn wahanol wrth gwrs, wel yn hollol ddigywilydd yn pregethu gwleidyddiaeth hyd yn o'd. 'Wi 'di dweud yn ddiweddar na dwi ddim yn greadur politicaidd o gwbwl, ond ma' gen i deyrngarwch i ryw gyfeiriad yng Nghymru 'ma yn wleidyddol, ac Eic wrth gwrs o'dd wedi plannu hwnnw yno'i. O'dd e'n hollol ddigywilydd yn pregethu ac yn rhoi taflenni Plaid Cymru i aelodau'r chweched dosbarth i fynd idd 'u dosbarthu nhw.

*O'dd hynny'n beth peryglus i' neud yn yr ardal yna yn enwedig wrth gwrs?*

Yn hollol. Fydde fe'n beth peryglus i' neud yn yr ardal nawr, oblegid yn wleidyddol dyw'r ardal ddim wedi newid llawer iawn. Ond dwi'n cofio Eic yn rhoi taflenni i fi er mwyn 'u dosbarthu nhw, 'Senedd i Gymru o fewn pum mlynedd'. Mae hynny hanner canrif yn ôl a dy'n ni ddim lot yn nes at hynny. Ond mi o'dd Eic yn fwy nag athro, o'dd e'n gyfaill ac efallai i finne, bod e'n rhyw fath o dad *surrogate*, yn dawel fach.

*O'dd Gwenallt yn arwr i chi?*

Nag o'dd a bod yn onest. Ddim yn y cyfnod hwnnw – yn ddiweddarach y des i i nabod Gwenallt yn 'i waith. Do'n i ddim yn 'i nabod e fel person. Y peth rhyfedd yw na weles i ddim Gwenallt erioed, er ein bod ni wedi'n geni yn yr un pentre, wedi mynd i'r un ysgol babanod, weles i mo'no fe yn y cnawd. Jest gweld llunie ohono fe. A ma' hynny i fi yn rhywbeth anesboniadwy. Ma'n rhaid 'i fod e wedi bod mewn steddfod, a 'mod inne 'di bod yn yr un steddfod, ond nethon ni erio'd daro ar yn gilydd.

*Mynd i'r weinidogaeth. Pam Dafydd?*

Mm. Mae'n anodd iawn ateb y cwestiwn hwnnw. Falle 'mod i'n Archdderwydd am yr un rheswm – ca'l 'y nghyfeirio at y peth 'na. 'Wi'n cofio 'mod i wedi penderfynu mynd i'r weinidogaeth. 'Wi'n cofio ble y penderfynes i – mi benderfynes i gyda chyfaill arall, y ddou ohonon ni, a ma' hwnnw'n digwydd bod yn Brifardd hefyd, y Prifardd Meirion Evans, a 'wi'n cofio bod mewn stafell ddosbarth yn Ysgol Ramadeg Pontardawe, a dim ond ni'n dau o'dd 'na ryw awr ginio, a dyma ni'n gweud 'Pam na ewn ni gyda'n gilydd i'r weinidogeth?' Ac felly fuodd hi wrth gwrs. Nawr o'dd 'na bethe wedi bod yn arwain at hynny wrth reswm, a ca'l yn cyflyru falle yn yn capeli gartre – o'dd Meirion yn dod o Nebo, Felindre a finne yn y Tabernacl ym Mhontardawe. Un o'r rhesyme o'dd pobol yn gweud 'tho i pam y dylwn i fynd i'r weinidogeth o'dd 'mod i yn gneud pethe'n gyhoeddus yn y capel, bod 'da fi lais pregethwr, a llais da ar gyfer angladde yn fwy na dim byd 'wi'n siŵr, a wedi 'ny mynd i gredu'r bobol 'ma, fod yr alwedigeth 'ma yn 'y ngalw i. A mi es i yn ddi-brotest – Mamgu o'dd yr unig un o'dd yn gweud 'tho i, 'Ddylet ti ddim mynd. Fydd pawb â'u bysedd yn dy lyged di os ei di'n bregethwr' medde hi. Ond 'nes i ddim gwrando ar Mamgu, a chafodd Mamgu ddim byw i 'ngweld i'n mynd i'r weinidogeth chwaith o ran hynny.

*Fe dreulioch chi bedair blynedd ym Mrynaman.*

Do. A 'nes i fwynhau'r blynyddoedd 'na ma' rhaid i fi ddweud, oblegid fod Brynaman, yn fwy na Phontardawe falle, yn fwrlwm o ddiwylliant ac yn y bla'n. O'na gyment o bethe'n digwydd 'na.

*Ond beth nath i chi felly gefnu ar y weinidogeth? O'ch chi'n mynd yn amheuwr?*

Na, na, es i ddim yn amheuwr o gwbwl. Falle 'mod i wedi mynd yn nes at fod yn amheuwr y blynyddoedd 'ma. Ond na, bryd hynny do'n i'm yn ame dim o gwbwl, ond o'n i'n ame falle y cymhelliad o'dd wedi bod 'da fi yn y lle cynta i fynd i'r weinidogeth. A o'n i 'di mynd i'r weinidogeth am y rheswm iawn? A mae'n anodd iawn i fi drio dadansoddi pam 'nes i adael.

*Fe ddarllenes i'n rhywle bo' chi'n 'i cha'l hi'n anodd i fynd i ymweld â phobol mewn ysbyty, i gladdu pobol, ac ati?*

'Wi'n gw'bod 'y mod i'n sensitif iawn, yn emosiynol felly. 'Wi'n dal i fod felly, a ma' dagre'n dod yn hawdd iawn. Ac o'n i'n ca'l 'y mrifo pan fydden i'n gweld pobol yn diodde, ma' rhaid i fi gyfadde, a do'dd mynd i ysbyty ddim yn beth hawdd, yn enwedig mewn ambell i amgylchiad. A wedi'ny claddu pobol a gweld dioddefaint pobol erill. O'dd hynny'n beth anodd iawn. A 'wi'n cofio mynd at un gweinidog – mae e'n dal ar dir y byw, ma' gen i lot o feddwl ohono fe, o'dd e dipyn yn hŷn na fi ym Mrynaman ar y pryd – a o'n i'n gweud 'tho fe, 'wi'n credu 'mod i'n gadel y weinidogeth, a wedodd e 'Gwranda nawr, 'wi'n gwbod shwt ti'n teimlo, ti'n ca'l dy 'nafu a rhyw bethe fel'ny, ond gydag amser mi fyddi di'n tyfu croen eliffant'. Ac o'n i'n gweud 'tho fe, ''Wi ddim isie tyfu croen eliffant, dwi ddim isie colli hwnna', a dwi ddim wedi'i golli fe. Ond dyna un o'r rhesyme, a hefyd yr amheuaeth 'ma ynglŷn ag a o'n i 'di mynd i'r weinidogeth am y rhesyme iawn.

*A'ch trydedd record chi. Chi 'di dewis darn gan Mozart o'i Requiem.*

Odw. 'Wi'n gwrando ar fwy o gerddoriaeth glasurol na dim byd arall, a mae e yn y cefndir bob amser pan fydda i'n gwitho.

*  *  *

*Aethoch chi i ddysgu Cymra'g fel ail iaith yng Nghwm Garw, a Hywel Teifi Edwards yn bennaeth arnoch chi. Beth oedd waetha, dysgu Cymraeg fel ail iaith, neu Hywel Teifi?*

Ma' Hywel Teifi bob amser yn gweud 'Nid fi o'dd yn dysgu gydag e, fe o'dd yn dysgu gyda fi, ac o'dano fi', medde Hywel! Sydd yn ddigon gwir, o'dd e'n bennaeth adran ifanc iawn yn Ysgol Ramadeg y Garw. 'Wi ddim yn gwybod am faint fuon ni gyda'n gilydd 'na, mi a'th Hywel mewn rhai blynyddoedd wrth gwrs i Abertawe i'r Adran Allanol.

*A chithe'n mynd i Gaerfyrddin?*

Mi es i i Gaerfyrddin yn y pen draw wedyn, i Goleg y Drindod, ond o'dd y blynyddoedd yn y Garw yn rhai hapus dros ben. Gethon ni lot o hwyl 'na.

*Pan ddaeth S4C wedyn fe benderfynoch chi fynd yn awdur llawrydd, llawn amser. Ydi S4C wedi bod yn fendith i gyd Dafydd?*

Mae e yn codi cwestiwn wrth gwrs. Fi'n siŵr bo' fi'n gwybod at beth ry'ch chi'n anelu nawr. Ma' 'na gymaint o awduron wedi mynd i sgrifennu ar gyfer sgrin S4C, sgrifennu mwy ar gyfer y sgrin a llai o lyfre. Ma' hynny wedi digwydd i nifer o bobol, dwi'm yn mynd i enwi awduron, ond mi alla'i feddwl am nifer go dda o bobol.

*Mae'n talu'n dda chi'n gweld on'd yw e?*

Mae e'n ffordd i ennill bywoliaeth on't ydi? A 'wi'n credu taw breuddwyd pob awdur am wn i yw 'i fod e'n gallu ennill 'i fywoliaeth yn unig drwy sgrifennu. Do'dd hynny ddim yn bosibl; ma' 'na bobol yn y gorffennol wedi ceisio gwneud hynny. 'Wi'n gwbod bod rhywun fel Islwyn

Ffowc Elis wedi ceisio gwneud hynny, ac wedi darganfod maes o law 'i bod hi'n anodd iawn i chi gynnal teulu ac yn y blaen, ac yna'n gorfod mynd nôl i ddysgu neu wneud rhyw job arall. Ond pan dda'th S4C, o'dd dyn yn teimlo bryd hynny 'bod hi'n bosibl i chi ennill bywoliaeth. Ac o'n i'n awyddus i wneud hynny. O'n i 'di bod yng Ngholeg y Drindod am bymtheg mlynedd ac o'dd pethe'n newid ym myd addysg. O'dd y colege bryd hynny'n mynd yn llai a bygythiad i'w cau nhw ac yn y blaen, ac yna mi benderfynes i fynd yn llawrydd, a gobeithio y byddwn i'n gallu cynnal 'y nheulu drw ysgrifennu. Ond o'dd hynny yn golygu sgwennu llai – sgwennu llai o farddoniaeth, llai o lyfre a ballu, a sgwennu mwy o sgriptie. 'Wi 'di bod yn ffodus iawn 'mod i wedi ca'l y gynhaliaeth 'na am ddeuddeg mlynedd erbyn hyn.

*Ydi S4C yn fendith o safbwynt achub yr iaith yng Nghwm Tawe nawr?*

Mae'n anodd gweud beth sy'n achub iaith on't ydi?

*Yn enwedig yn ych ardal chi . . . mae 'na frwydr on'd oes i chadw'i i fynd yng Nghwm Tawe?*

Ma' Cwm Tawe wedi bod ar y ffin bob amser 'wi'n credu. Mae'n anodd wrth reswm. 'Wi'n credu bod pethe wedi newid. 'Wi' 'di byw ym Mhontardawe ar hyd fy oes wrth gwrs, a ddylwn i fod yn gallu asesu faint o newidiade sy' wedi bod ond ma' rhywun mor agos at y lle yn methu gweld, falle . . .

*O's 'na lai yn siarad Cymraeg nawr nag o'dd pan o'ch chi'n grwt?*

Dwi ddim yn credu, ond falle taw argraff yw hynny, oblegid o'dd 'y mhlentyndod i yng Nghwm Tawe yn gymysgedd o Gymraeg a Saesneg beth bynnag, a Saesneg fydden i'n siarad gyda'r rhan fwyaf o ffrindie o'n i'n chware gyda nhw. O'n i'm yn gwybod 'bo' nhw'n gallu siarad Cymraeg. O'dd y Gymraeg yn rhywbeth o'dd yn perthyn i'r aelwyd ac i'r capel. Ar faes chwarae ac yn y blaen, Saesneg o'dd hi. 'Wi'n darganfod erbyn hyn gan 'mod i 'di aros yn y Cwm, bod y plant o'n i'n chwarae gyda nhw yn Saesneg slawer dydd yn siarad Cymraeg, a Chymraeg fyddwn ni'n siarad â'n gilydd nawr. 'Wi'n ca'l yr argraff bod 'na gymaint o Gymraeg ym Mhontardawe ag o'dd bryd hynny.

*Ma' 'na fwy o barch i'r Gymraeg on'd oes? Ma' hynny'n help siŵr o fod glei.*

Ma' busnes yr ysgolion Cymraeg, yr Ysgol Gynradd ym Mhontardawe, Ysgol Gyfun yn Ystalyfera ac yn y blaen, ma'r rhain wedi gwneud cyfraniad a wedi rhoi rhyw ymwybyddiaeth newydd i bobol o bwysigrwydd cadw'u hetifeddiaeth a'u Cymreictod.

*I fynd nôl at yr Eisteddfod a'r barchus aruchel, arswydus swydd 'ma, Archdderwydd. Fe golloch chi gwsg y noson cyn seremoni'ch gorseddu yn y Bala, 'wi'n deall?*

Mae e yn arswydus swydd, os nad yw hi'n ddim byd arall. Do mi golles i, nid dim ond noson ond nosweithie o

204

gwsg cyn y Bala. Do'dd e ddim cynddrwg ag o'n i 'di dishgwl pan dda'th 'i'n amser i neud y peth. Ond o'n i 'di poeni llawer iawn.

*Y'ch chi'n cymryd y swydd o ddifrif on'd y'ch chi, er bod rhywun yn dueddol o wamalu?*

Odw, o dan y cyfan. Ma' rhaid cymryd y swydd o ddifrif. Ma' hi'n swydd anrhydeddus, a fydden i yn anghwrtais pe bawn i wedi gwrthod dwi'n siŵr. Ac wedi derbyn 'wi'n credu bod yn rhaid i fi roi gymaint o'n hunan ag y galla'i beth bynnag – 'wi'n ddyn prysur iawn fel ma'i, ond fe fydda i'n brysurach yn y blynyddoedd nesa 'ma.

*A 'wi'n deall bod ych sgidie chi'n barod?*

Dyma'r sgitsie gore 'wi 'di ca'l erioed. 'Wi 'di cal pob math o sgitsie yn 'y mywyd. Pan o'n i'n fach, os o'dd Mam yn clywed bod rhywun wedi marw yn y Cwm, o'dd hi'n ca'l sgitsie ar ôl dyn marw i fi, a'r un fath pan o'n i yn y Coleg. O'dd rheiny bob amser yn gwasgu. Sgidie rhywun arall. Ond nawr 'wi 'di ca'l sgidie wedi gwneud yn arbennig ar gyfer 'y nhra'd yn unan! Dim ond unwaith 'wi 'di 'u gwisgo nhw hyd yn hyn, ond dyna chi'r pethe mwya esmwyth 'wi 'di ca'l am 'y nhra'd erio'd.

*A wedyn gorfod mynd lan i Lunden i 'hôl nhw, ond cyfuno hynny â'r criced wrth gwrs!*

O'dd 'i'n gyd-ddigwyddiad hapus bod Lloegr yn chwarae India yn Lords pan o'n i'n mynd i gasglu'r sgidie, a wedi'ny o'n i'n lladd dau aderyn â'r un garreg.

*Pan fyddwch chi'n mynd i weld Lloegr ac India, pwy y'ch chi'n gweiddi drostyn nhw?*

O India, India. Nefoedd fawr chi'm yn meddwl fydden i'n cefnogi Lloegr! Fues i mas yn yr India nôl ym mis Mawrth pan o'dd Cwpan Criced y Byd yno, a do'n i ddim yn cefnogi Lloegr o gwbwl. Na: cefnogi India bob tro.

*Ma' rhywun yn gweu' 'tha i chi'n gweld mai criced ydi'r peth pwysicaf yn ych bywyd chi?*

Ie, ma'r wasg wedi gweud hyn, ond nage, nid criced yw'r peth pwysicaf. Ond os ydw i'n chwilio am le bach i ymlacio a mwynhau'n hunan, 'wi'n caru bod ar faes criced, yn gwylied criced erbyn hyn wrth reswm. Ma' hynny'n beth braf iawn a ma' hi'n gêm wareiddiedig dros ben.

*Ond beth os ydi Morgannwg yn colli nawr Dafydd. O'n i'n clywed bod 'i'n beth go drist pan ma' Morgannwg yn colli.*

Ma' Morgannwg rywsut yn adlewyrchu'n hanes ni fel cenedl, ac ry'n ni 'di cyfarwyddo â cholli. Ond mae'n bleser mynd i weld Morgannwg, colli neu ennill.

*A chi 'di bod gyda'r barbwr nawr, ma'ch gwallt chi'n iawn ar gyfer yr wythnos fawr 'ma. A'r locsyn wedi'i thrimio?*

Ma' 'ngwraig wedi gweu'tho'i, ma' raid i ti edrych yn weddol o deidi. 'Wi 'di bod yn y gorffennol yn dueddol o dyfu 'ngwallt yn hir, ond erbyn hyn 'wi'n mynd yn hen, a ma' siswrn yn beth handi iawn.

*Ma'r cyfuniad 'ma ynoch chi o'r lleddf a'r llon. P'un sy' gryfa gwedwch chi?*

Ma'n nhw'n gytbwys. 'Wi'n hoffi dagrau ond 'wi'n sgrifennu pethe fel *Licris Alsorts*. Ma'r chwerthin a'r dagre yn gwmws fel 'i gilydd.

*A dyma ni 'di dod at yn record ola ni,* Y Cwm. *Beth arall!*

'Wi 'di byw yn y Cwm 'na ar hyd 'y mywyd, a ma'n rhaid ca'l Chiz on'd oes?